Rudolf und Siegrun Weiss

Davos – Prättigau

50 ausgewählte Wanderungen

BERGVERLAG ROTHER GMBH • MÜNCHEN

ROTHER WANDERFÜHRER

Abruzzen
Achensee
Adlerweg
Ahrsteig
Albsteig
Algarve
Allgäu 1, 2, 3, 4
Allgäuer Alpen
AlpeAdriaTrail

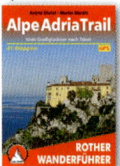

Altmühltal
Altmühltal-Panorama-weg
Andalusien Süd
Annapurna Treks
Antholz - Gsies
Aostatal
Appenzellerland
Apulien
Ardennen
Arlberg - Paznaun
Arnoweg
Asturien
Augsburg
Außerfern
Australien
Auvergne
Azoren
Baskenland
Bayerische Alpen Trekking
Bayerischer Wald
Berchtesgaden -Lienz
Berchtesgadener Land
Bergisches Land
Berlin
Bern
Berner Oberland Ost
Berner Oberland West
Bodensee Nord, Süd
Bodensee - Rätikon
Böhmerwald
Bolivien
Bozen - Kaltern
Brandnertal
Bregenzerwald
Bremen - Oldenburg
Brenta
Bretagne
Bulgarien
Burgund
Cevennen
Chalkidiki - Thassos
Champagne - Ardennen

Chiemgau
Chiemsee
Chur - Hinterrhein
Cilento
Cinque Terre
Comer See
Cornwall-Devon
Costa Blanca
Costa Brava
Costa Daurada
Côte d'Azur
Dachstein-Tauern Ost
Dachstein-Tauern West
Dänemark-Jütland
Dalmatien
Dauphiné Ost, West
Davos
Dolomiten 1, 2, 3, 4, 5, 6, 7, 8
Dolomiten-Höhenwege 1-3, 4-7, 8-10
Donaustieg
E5 Konstanz - Verona
Ecuador
Eifel
Eifelsteig
Eisenwurzen
El Hierro
Elba
Elbsandsteingebirge
Elsass
Emmental
Ober-, Unterengadin
England Mitte, Nord, Ost, Süd
Erzgebirge
Fichtelgebirge
Fränkische Schweiz
Fränkischer Gebirgsweg
Frankfurt
Franziskusweg
Freiburg
Friaul-Julisch Venetien
Fuerteventura
Galicien
Gardaseeberge
Garhwal - Ladakh
Garmisch - Brixen
Gasteinertal
Genfer See
Georgien
Gesäuse
Glarnerland
Glockner-Region
Goldsteig
La Gomera
Gotthardweg
Gran Canaria
Grazer Hausberge
Grenzgänger-Weg
Gruyère - Diablerets
GTA
Hamburg
Harz

Haute Route
Hawaii
Hochkönig
Hochschwab
Hohenlohe
Hunsrück
Ibiza
Innsbruck
Irland
Isarwinkel
Island
Israel
Istrien
Jakobsweg - Camino Primitivo
Jakobsweg - Caminho Português
Jakobsweg - Camino del Norte
Französischer Jakobsweg Le Puy - Pyrenäen, Straßburg - Le Puy
Jakobsweg Marburg - Vézelay
Jakobswege Österreich
Jakobswege Schweiz
Spanischer Jakobsweg
Südfranzösischer Jakobsweg - Via Tolosana
Südwestdeutsche Jakobswege
Julische Alpen
Jura, Französischer
Jura, Schweizer
Kärntner Seen
Kalabrien
Kanadische Rocky Mountains
Karawanken
Karnischer Höhenweg
Karwendel
Kaunertal
Kitzbüheler Alpen
Kleinwalsertal
Korfu
Korsika
Korsika - GR 20

Korsika - Mare e Monti
Kraichgau
Kreta
Kurhessen
La Palma

La Réunion
Lahnwanderweg
Lago Maggiore
Languedoc-Roussillon
Lanzarote
Lappland
Lechweg
Lesbos - Chios
Limesweg
Lofoten
Lothringen
Lungau
Luxemburg - Saarland
Madeira
Mallorca
Malta - Gozo
Marken - Adriaküste
Marokko
Masuren
Maximiliansweg
Mecklenburgische Seenplatte
Menorca
Meran
Mont Blanc
Montafon
Montenegro
Mosel
Moselfranken
Moselsteig
Mühlviertel
München
München - Venedig
Münsterland
Neanderlandsteig
Golf von Neapel
Neckarweg
Neuseeland
Neusiedler See
Niedere Tauern Ost
Niederlande
Niederrhein
Nockberge
Normandie
Norwegen Mitte, Süd, Jotunheimen
Nürnberg
Oberlausitz
Oberpfälzer Wald
Oberschwaben
Odenwald
Ötscher
Ötztal
Ötztal - Pitztal Trekking
Ossola-Täler
Ostfriesland
Ostseeküste
Ost-Steiermark
Osttirol Nord, Süd
Patagonien
Peaks of the Balkans
Peloponnes
Peru
Pfälzer Weinsteig

Pfälzerwald
Pfaffenwinkel
Picardie
Picos de Europa
Piemont Nord, Süd
Pinzgau
Pitztal
Portugal Nord
Provence
Pyrenäen 1, 2, 3, 4
Pyrenäen - GR 11
Regensburg
Rheinhessen
Rheinsteig
Rhodos
Rhön
Riesengebirge
Rom - Latium
Route de Ländle
Rügen

Ruhrgebiet
Rumänien - Südkarpaten
Saar-Hunsrück-Steig
Salzalpensteig
Salzburg
Salzburg - Triest
Salzkammergut Ost, West
Sardinien
Sauerland
Savoyen
Schaffhausen
Schottland
Schwabenkinder-Wege Oberschwaben, Schweiz - Liechten-stein, Vorarlberg
Schwäbische Alb Ost
Schwäbische Alb West
Schwarzwald Fernwan-derwege
Schwarzwald Mehrtages-touren Mitte Nord, Süd/Mitte
Schwarzwald Nord, Süd
Schweden Mitte, Süd
Seealpen
Seefeld
Sierra de Gredos
Sierra de Guadarrama
Sizilien
Spessart
Steigerwald

Steirisches Weinland
Sterzing
Stubai - Wipptal
Trekking im Stubai
Stuttgart
Südafrika West
Surselva
Sylt, Amrum, Föhr
Tannheimer Tal
Tasmanien
Hohe Tatra
Tauern-Höhenweg
Hohe Tauern Nord
Tauferer Ahrntal
Taunus
Tegernsee
Teneriffa
Tessin
Teutoburger Wald
Thüringen Mitte/Nord
Thüringer Wald
Tiroler Höhenweg
Toskana Nord, Süd
Türkische Riviera
Uckermark
Umbrien
Ungarn West
Usedom
Vanoise
Veltlin
Via de la Plata
Via Francigena
Via Gebennensis
Vierwaldstätter See
Vinschgau
Vizentiner Alpen
Vogelsberg
Vogesen
Vogesen Mehrtages-touren
Vogesen-Durchquerung
Vogtland
Wachau
Waldviertel
Wales
Oberwallis
Unterwallis
Walliser Alpen
Weinviertel
Welterbesteig Wachau
Weserbergland
Westerwald
Westerwald-Steig
Wien
Wien - Lago Maggiore
Wiener Alpenbogen
Wiener Hausberge Nord, Süd
Wilder Kaiser
Zillertal
Trekking im Zillertal
Zürichsee
Zugspitze
Zypern

Vorwort

Wer von Davos spricht, denkt an Thomas Mann und seinen »Zauberberg«, an das Weltwirtschaftsforum mit weltbekannten Referenten und den einflussreichsten Persönlichkeiten aus Politik und Wirtschaft als Teilnehmern, an ein Skigebiet von hohem Rang und die berühmte »Parsennabfahrt«. Davos ist aber nicht nur ein Ort für Heilungsuchende, Kongressteilnehmer und Skiläufer. Es ist auch ein Paradies für Bergwanderer, sogar ein ausgedehntes Paradies, denn es umfasst eine ganze Landschaft, die »Landschaft Davos«, die von Laret jenseits des Wolfgang bis zum hoch gelegenen Monstein reicht – ein Gebiet von mehr als 250 Quadratkilometern, größer als mancher Schweizer Kanton.

Vielfältige Möglichkeiten für den Wanderer bietet auch das Prättigau: hochalpine Bergwanderungen in der Silvretta und im Rätikon ebenso wie leichte Gipfel in den Plessuralpen und gemütliche Wanderungen in den Seitentälern zwischen Klosters und der »Chlus«, der Grenze des Prättigaus zur »Bündner Herrschaft«.

Prättigau und Landschaft Davos werden durch einen Pass voneinander getrennt, den Wolfgang, auch wenn Laret jenseits des Passes noch zu Davos gehört. Oder sollte man besser sagen: Sie werden durch den Pass Wolfgang miteinander verbunden? Gemeinsam ist den Bewohnern der beiden Orte die Sprache der alten Siedler, das Walserische. Das gilt natürlich nicht für die vielen »Zugereisten«, die hier eine Ferienwohnung erworben haben, sondern für die alteingesessenen Davoser, Klosterser und viele Bewohner der Dörfer im Tal und auf den Berghängen. Ihnen widmen wir unser Buch:

»Dä Brättiger und Tafaaser und allnä, waa diä Walserhäimed gääre häin.«
(Den Prättigauern und Davosern und allen, die unsere Walserheimat lieben.)

Davos-Platz, im Sommer 2018   Rudolf und Siegrun Weiss

Inhaltsverzeichnis

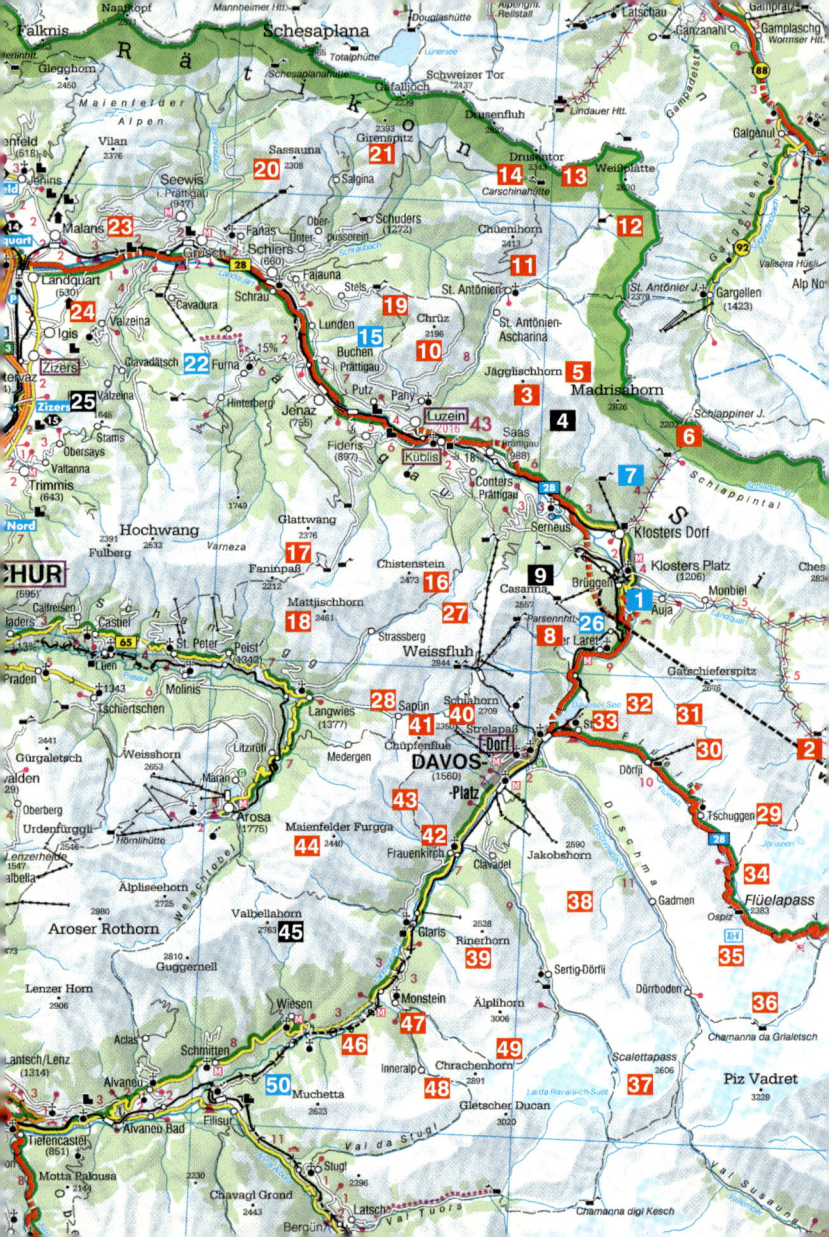

Touristische Hinweise

Zum Gebrauch des Führers

Das Inhaltsverzeichnis gibt einen Überblick über die Wandervorschläge. Sie sind nach ihren Ausgangspunkten gegliedert. Bei den einzelnen Touren sind die wichtigsten Informationen steckbriefartig vorangestellt. Ein Höhenprofil zeigt anschaulich Gehzeiten und Höhenunterschiede der jeweiligen Wanderung. Auf eine allgemeine Charakterisierung folgt eine Beschreibung des Wegverlaufs, der auch in einem Kartenausschnitt eingezeichnet ist. Bilder ergänzen die Beschreibungen. Im Stichwortverzeichnis sind Wanderziele, Talorte und Ausgangspunkte angeführt. Eine Übersichtskarte informiert über die geografische Lage der einzelnen Wanderungen.

Anforderungen

Die meisten Wanderungen im Prättigau und in der Landschaft Davos verlaufen auf markierten Steigen und Wegen. Im alpinen Gelände sind dennoch vielfach Trittsicherheit und Schwindelfreiheit erforderlich. Länge und Höhenunterschiede vieler Wanderungen setzen eine entsprechende Kondition voraus. Auf manchen Touren ist auch Orientierungsfähigkeit gefragt.

Damit die jeweiligen Anforderungen besser eingeschätzt werden können, sind die Wandervorschläge in diesem Buch mit verschiedenen Farben gekennzeichnet. Ihre Bedeutung:

■ **Leicht** Diese Wanderwege sind gut markiert, ausreichend breit und nur mäßig steil. Sie erfordern keine Bergerfahrung und können auch bei Schlechtwetter verhältnismäßig gefahrlos begangen werden.

■ **Mittel** Diese Bergwanderwege sind ausreichend markiert, teils schmal, mitunter bereits etwas ausgesetzt. Einzelne Stellen können mit Drahtseilen (im Prättigau und der Landschaft Davos auch mit Ketten oder Eisengeländern) gesichert sein. Diese Wege erfordern Trittsicherheit, mitunter Schwindelfreiheit und eine entsprechende Ausrüstung, vor allem geeignete Schuhe.

■ **Schwierig** Diese Steige sind bei guter Sicht und entsprechender Aufmerksamkeit ausreichend markiert, manchmal allerdings lediglich durch Steinmänner. Sie sind schmal und vielfach steil. Stellenweise ist der Weg ausgesetzt, mitunter ist leichte Kletterei (= Benützung der Hände zur Erhaltung des Gleichgewichts) notwendig. Trittsicherheit, Schwindelfreiheit, Orientierungssinn und Bergerfahrung sind Voraussetzungen für diese Bergwanderungen. Für weniger geübte Begleiter und Kinder leistet an ausgesetzten oder schwierigen Stellen ein kurzes Seil gute Dienste, wenn man den sachgerechten Umgang damit beherrscht.

Blick über die Casanna und das niedrigere Grüenhorn zur Silvretta (Tour 9).

Wanderwege

Im Prättigau und in der Landschaft Davos sind die Wanderwege einheitlich markiert. Dafür sorgt die Bündner Arbeitsgemeinschaft Wanderwege (BAW), eine Teilorganisation der Schweizer Arbeitsgemeinschaft Wanderwege (SAW). Leider weichen die Farben zur Kennzeichnung der Schwierigkeit zum Teil von denen ab, die in anderen Alpenländern und in den Wanderführern des Bergverlags verwendet werden.

»Leichte Wanderwege« ohne besondere Anforderungen, die auch mit Straßenschuhen begangen werden können, sind im Prättigau und in der Landschaft Davos GELB markiert.

»Bergwanderwege« sind für erfahrene Wanderer mit entsprechender Ausrüstung (wetterfeste Kleidung, geeignete Schuhe) gedacht. Sie sind im Prättigau und in der Landschaft Davos ROT (genauer: weiß-rot-weiß) markiert.

»Alpine Wege« können leichte Kletterstellen aufweisen. Sie erfordern entsprechende Ausrüstung und Erfahrung und sind im Prättigau und in der Landschaft Davos BLAU (genauer: weiß-blau-weiß) markiert.

Die Kennzeichnung der Schwierigkeit stimmt also nur im mittleren Bereich (rot) mit der in Deutschland und Österreich üblichen überein.

Vorsicht: BLAU bezeichnet im Prättigau und in der Landschaft Davos keinen leichten, sondern einen schwierigen (alpinen) Weg!

Klettersteige sind Weganlagen im steilen Felsgelände, die mit Drahtseilen, Leitern, Eisenbügeln usw. abgesichert sind (daher im Italienischen *vie ferrate*, »Eisenwege«). Vielfach ist es üblich, schwierige Bergwanderungen mit unschwierigen Klettersteigen gleichzusetzen. Das ist bei älteren Klettersteigen gerechtfertigt. Neue unschwierige Klettersteige stellen hingegen häufig nicht höhere, sondern andere Anforderungen. Vereinfacht dargestellt, erfordern schwierige Bergwanderungen vor allem Trittsicherheit, alpine Erfahrung und oft auch Orientierungsfähigkeit; neuere (auch »leichte«) Klettersteige dagegen vor allem Gelenkigkeit, Armkraft und absolute Schwindelfreiheit sowie eine entsprechende Ausrüstung (Klettersteigset, Helm). Im Prättigau und in der Landschaft Davos ist die Bedeutung dieser Weganlagen bisher (noch) gering. Gegenwärtig gibt es in unserem Tourengebiet nur einen Klettersteig (Sulzfluh, St. Antönien).

Wildschutzgebiete: Die Markierung GELB-ROT bezeichnet keinen Wanderweg, sondern ein Wildschutzgebiet.

An wichtigen Stellen, also vor allem an Kreuzungen, sind Wegweiser aufgestellt. Sie enthalten auf einer weißen Tafel die Bezeichnung des Standorts (mit Höhenangabe), bei den einzelnen Wegschildern Zielangaben, häufig gegliedert nach Nahziel, Zwischenziel und Endziel, mitunter mit Zeitangaben. Die Spitze der einzelnen Wegtafeln zeigt die Schwierigkeit der Wanderung an (GELB, ROT, BLAU).

Der Wegzustand kann sich im Laufe der Jahre verbessern, aber auch verschlechtern. Das betrifft insbesondere die Markierung, aber auch die Qualität des Weges selbst, der zum Beispiel in der Waldregion zuwachsen, oberhalb der Waldregion unkenntlich werden kann. Nach unseren Erfahrungen aus drei Jahrzehnten sind im Prättigau und in der Landschaft Davos Verbesserungen wesentlich wahrscheinlicher.

GPS-Tracks und Koordinaten der Ausgangspunkte

Zu diesem Wanderführer stehen auf der Internetseite des Bergverlag Rother (www.rother.de) GPS-Tracks und Koordinaten der Ausgangspunkte zum kostenlosen Download bereit – Benutzername: **gast** / Passwort: **wfDavos05Mh7s9**
Sämtliche GPS-Daten wurden von den Autoren im Gelände erfasst. Verlag und Autoren haben die Tracks und Wegpunkte nach bestem Wissen und Gewissen überprüft. Dennoch können wir Fehler oder Abweichungen nicht ausschließen, außerdem können sich die Gegebenheiten vor Ort zwischenzeitlich verändert haben. GPS-Daten sind zwar eine hervorragende Planungs- und Navigationshilfe, erfordern aber nach wie vor sorgfältige Vorbereitung, eigene Orientierungsfähigkeit sowie Sachverstand in der Beurteilung der jeweiligen (Gelände-)Situation. Man sollte sich für die Orientierung auch niemals ausschließlich auf GPS-Gerät und -Daten verlassen.

Vorbildlich: Wegtafeln der BAW (Bündner Arbeitsgemeinschaft Wanderwege).

Abseits der markierten Wege

Im Gegensatz zu Deutschland oder Österreich sind in der Schweiz nur wenige Gipfel durch markierte Wege und (an heiklen Stellen) durch Sicherungen erschlossen. Die Wege führen in der Schweiz zumeist nur zu Hütten oder Übergängen (Pässen, Scharten). Das gilt auch für das Prättigau und in der Landschaft Davos. Wer also einen Gipfel in der Nähe des beschriebenen Wanderweges »mitnehmen« möchte, muss sich bewusst sein, dass das einige Anforderungen an das Orientierungsvermögen stellen kann, selbst wenn der Anstieg kurz ist und durch unschwieriges Gelände führt. Steigspuren erweisen sich mitunter als Wildwechsel und Steinmänner sind meist gerade dann nicht zu sehen, wenn man sie dringend zur Orientierung braucht.

Schießübungen

Eine Besonderheit in der Schweiz sind Schießübungen. Das Militär sperrt in diesen Fällen bestimmte Gebiete für den Tourismus. Die Sperrgebiete werden auf Anschlagtafeln der Gemeinden angekündigt. Sie können auch bei den Verkehrsvereinen erfragt werden. Im Gelände werden rot-weiße Warn-

Symbole

Symbol	Bedeutung	Symbol	Bedeutung
🚌	mit Bahn/Bus erreichbar		Seilbahn
✗	Einkehrmöglichkeit unterwegs		Fahrt mit Standseilbahn
🚺	für Kinder geeignet		Fahrt mit Seilbahn
⛪	Ort mit Einkehrmöglichkeit		Fahrt mit Sessellift
🏠	Einkehrmöglichkeit	†	Gipfel
P	eingerichteter Parkplatz	)(	Pass, Sattel
	Busanschluss		Aussicht
	Bahnanschluss		Burg, Schloss, Ruine

tafeln aufgestellt. Die Schießübungen finden weder häufig noch großräumig statt – eine ernsthafte Behinderung bei der Planung von Wanderungen ist daher nicht zu befürchten.

Gefahren

In größerer Höhe gibt es bis in den Sommer hinein Schneefelder. Nach Wetterstürzen können Vermurungen die Schwierigkeiten erhöhen und es kann in größerer Höhe auch Schneefälle geben, dichter Nebel die Orientierung erschweren. Gewitter können insbesondere auf Gipfeln, Höhenrücken und Graten sowie bei der Benützung von Drahtseilen und Eisengeländern eine erhebliche Blitzschlaggefahr bedeuten. Eine Veränderung der angegebenen Schwierigkeit durch ungünstige Bedingungen muss der Wanderer selbst abschätzen. Dabei empfiehlt es sich in bestimmten Fällen, den Rat bergerfahrener Einheimischer (Bergführer, Hüttenwirte) einzuholen.

Chamanna da Grialetsch.

Unfälle

Trotz Vorsicht und guter Vorbereitung kann es im Gebirge zu einem Unfall kommen. Versuchen Sie in diesem Fall, ruhig zu bleiben und leisten Sie nach Bedarf Erste Hilfe. Muss die Bergrettung alarmiert werden, gilt:

Alpines Notsignal: 6 Zeichen pro Minute, nach jeweils einer Minute Pause wiederholen. Möglich sind akustische (Rufen, Trillerpfeife) oder optische (Taschenlampe, Leuchtpatronen) Signale. Wirksamer ist zumeist das Handy. Euro-Notruf 112 (funktioniert auch ohne SIM-Karte). Wenn Ihr Handy z. B. in einer Schlucht nicht funktioniert, versuchen Sie, freies Gelände (z. B. einen Höhenrücken, eine Kuppe) zu erreichen.

Günstige Jahreszeit

Viele der Wanderungen im Prättigau und in der Landschaft Davos führen in bedeutende Höhen. Der Ausgangspunkt liegt mitunter bereits erheblich höher als manches Gipfelziel in den Voralpen (z. B. Sertig-Dörfli, Partnun, Fideriser Heuberge). Pässe befinden sich auf bis zu 2300 m (z. B. Flüelapass), Bergstationen von Seilbahnen liegen noch höher (z. B. Weissfluhjoch). Im Frühling muss in größeren Höhen mit Schneefeldern gerechnet werden, die sich schattseitig bis in den Juli halten können. Daraus ergibt sich, dass man für das Prättigau und die Landschaft Davos keine einheitliche »beste Zeit« empfehlen kann. Wer sich vorwiegend auf Talwanderungen begibt, wird zumeist von Mai bis Oktober günstige Verhältnisse vorfinden, während man sich an die höheren Gipfel besser erst ab Juli heranwagt. Wunderschön ist im Prättigau und in der Landschaft Davos der Herbst, doch können die ersten stärkeren Schneefälle die Tourenmöglichkeiten rasch einschränken.

Ausrüstung

Außer für leichte Talwanderungen in Ortsnähe sind festes Schuhwerk mit griffiger Sohle (im Sporthandel als »Trekkingschuhe« oder »Leichtbergschuhe« bezeichnet), Regen-, Wind- und Kälteschutz, Tourenproviant (vor allem ausreichend Flüssigkeit) erforderlich. Eine Erste-Hilfe-Box und ein Biwaksack sind wichtige Ergänzungen, die in Notfällen gute, mitunter lebensrettende Dienste leisten können.

Landkarten – analog und digital

Für die Wanderungen genügen in der Regel die Kartenausschnitte mit eingezeichneter Route. Für die Bestimmung entfernterer Gipfel wird man dennoch besser eine Landkarte erwerben. Besonders zu empfehlen sind die Blätter der Landeskarte der Schweiz (LK) im Maßstab 1:50.000 mit rot eingezeichneten Wanderwegen, erkennbar am »T« nach der Kartennummer.

Unser Tourengebiet ist vor allem durch die Blätter 248 T Prättigau und 258 T Bergün/Bravuogn abgedeckt, zu einem geringen Teil auch durch 238 T Montafon, 249 T Tarasp und 259 T Ofenpass/Pass dal Fuorn.

Kartenliebhaber werden zu den Blättern der Landeskarte im Maßstab 1:25.000 greifen, die mit Recht für ihre Genauigkeit berühmt ist. Schnittpläne sind in größeren Buchhandlungen (auch in Deutschland und Österreich) erhältlich.

Digitale Landkarten: Die hervorragende Karte des Bundes steht im Internet gratis zur Verfügung unter map.geo.admin.ch, von Kompass die preiswerte »Digital Map Schweiz«, für Garmin-Geräte die Karte »Transalpin V4 PRO«, die unser Führergebiet abdeckt, darüber hinaus aber auch Teile von Deutschland, Österreich und Italien erfasst.

Gehzeiten

Die Zeitangaben in diesem Führer sind als reine Gehzeiten ohne Rasten oder sonstige Aufenthalte (z. B. Fotografierpausen) zu verstehen. Sie setzen eine körperliche Verfassung voraus, die der jeweiligen Wanderung angemessen ist. Bei der Gehzeit ist es schwierig, die Zustimmung aller Benützer dieses Buches zu erhalten. Wie im Straßenverkehr neigen wir dazu, uns selbst als das Maß der Geschwindigkeit zu betrachten: Wir überholen einen »Schleicher« und werden von einem »Renner« überholt.

Wir merken dazu an: Die »richtige« Gehzeit gibt es nicht. Für jeden Wanderer ist das Tempo, bei dem er sich wohl fühlt, auch sein »richtiges« Tempo. Wer gemütlich unterwegs ist, sollte allerdings möglichst früh starten und dadurch für eine ausreichende Zeitreserve sorgen.

Die Angabe des Höhenunterschieds, den wir auf einer Bergwanderung überwinden, ist eine Ergänzung der Zeitangabe. Drei Gehstunden mit 1000 Höhenmetern im Anstieg sind anstrengender als drei Gehstunden mit 500 Höhenmetern (z. B. beim Aufstieg durch ein längeres Tal oder beim Auf

Schwierige Bergwanderungen sind in der Schweiz BLAU markiert – Vorsicht!

und Ab auf einem Höhenweg). Wie sehr unsere Kondition gefordert ist, hängt also nicht nur von der Gehzeit, sondern auch vom Höhenunterschied ab, den es zu bewältigen gilt.

Das Höhenprofil der Wanderung gibt ein anschauliches Bild der Höhenunterschiede auf der jeweiligen Tour. Es erfasst auch geringe Höhenverluste oder Gegenanstiege, weil es auf der Grundlage der GPS-Tracks erstellt wurde. Nach den Entfernungs- und Höhenangaben der Tracks wurden auch die Gesamtzeit und die Teilzeiten berechnet.

Anreise

Mit der Rhätischen Bahn von Chur nach Klosters und Davos; aus dem Unterengadin durch den Vereinatunnel nach Klosters. Mit Bus/PKW aus dem Rheintal über Landquart, aus dem Unterengadin durch den Vereinatunnel (Autoverladung) oder über den Flüelapass.

Das öffentliche Verkehrsnetz ist gut ausgebaut. Wer es zur Schonung der Umwelt oder aus anderen Gründen mit einem »Urlaub vom Auto« versuchen möchte, findet hier eine gute Gelegenheit dazu. Mit der Rhätischen Bahn erreicht man alle Talorte im Prättigau und in der Landschaft Davos, mit den Postautos fast alle Ausgangspunkte für unsere Wanderungen. In vielen Fällen (Durchquerungen, Überschreitungen) ist es sogar notwendig, öffentliche Verkehrsmittel zu benützen.

Bei häufiger Benützung öffentlicher Verkehrsmittel ist der Regionalpass Graubünden vorteilhaft: Freie Fahrt an 5 von 15 Tagen auf allen Strecken der Rhätischen Bahn; an den übrigen Tagen bei Postautos und Bergbahnen halbe Fahrpreise.

Gratis-Fahrpläne erhält man in Bahnhöfen und Postämtern. Auskünfte werden auch telefonisch erteilt, für die Postautos unter Tel. +41/81/2563283 (Geschäftsstelle Chur), für die Rhätische Bahn unter Tel. +41/81/28866104. Natürlich wird man auch über das Internet fündig: E-Mail graubuenden@postauto.ch bzw. für die Bahn contact@rhb.ch, die entsprechenden Homepages: www.postauto.ch/graubuenden bzw. www.rhb.ch.

Eine Ergänzung des öffentlichen Verkehrs bietet das »Projekt Alpentaxi« an. Über www.alpentaxi.ch kommt man zu einer interaktiven Karte, die über die Taxi-Unternehmen der jeweiligen Gebiete informiert.

Bergbahnen mit Sommerbetrieb

Klosters: Gotschnabahn (Kabinenbahn, Klosters-Platz – Gotschnagrat), Madrisabahn (Gondelbahn, Klosters-Dorf – Saaser Alpe).

Fanas: Kleinkabinenbahn (Fanas – Eggli).

Davos: Parsennbahn (Standseilbahn, Davos-Dorf – Weissfluhjoch), Jakobshornbahn (Kabinenbahn, Davos-Platz – Bergstation unter dem Gipfel), Rinerhornbahn (Gondelbahn, Glaris – Jatzmeder), Schatzalpbahn (Standseilbahn, Davos-Platz – Schatzalp).

Die berühmte Parsennbahn bei der Mittelstation »Höhenweg«.

Wandern mit Kindern – »Kindereignung«

Eine Bergwanderung ist für ein Kind geeignet, wenn das Kind ihrer Länge und Schwierigkeit gewachsen ist. Das hängt nicht nur vom Alter des Kindes ab, sondern auch von seiner Geschicklichkeit, Ausdauer und Verlässlichkeit, die nur die Eltern beurteilen und danach ihre Entscheidung treffen können.

Die Leistungsfähigkeit von Kindern hängt allerdings in erstaunlichem Maße von ihrer Motivation ab. Für die Motivation ist neben dem pädagogischen Geschick der Eltern die Auswahl der Bergwanderung wichtig. Grundsätzlich gilt: Kinder wollen in jedem Alter »klettern«, d. h. sie suchen geradezu ein gewisses Maß an alpiner Schwierigkeit und finden Forststraßen zumeist langweilig. »Klettern« beginnt allerdings für Kleinkinder bereits neben leichten Wanderwegen (in unserem Führer BLAU, im Prättigau und in der Landschaft Davos GELB). Ältere Kinder finden auf mittelschweren Bergwegen (ROT) ein reiches Betätigungsfeld. Schwierige Bergwanderungen (in unserem Führer SCHWARZ, im Prättigau und in der Landschaft Davos BLAU) sind für sportliche Kinder besonders motivierend, stellen aber hohe Anforderungen an die Eltern, die für die Sicherheit ihrer Kinder verantwortlich sind.

Selbst auf unschwierigen Wanderungen (BLAU) muss man das Kind im Auge behalten. Kinder sind oft unkonzentriert, leicht ablenkbar. Stürzt der kleine Hans-Guck-in-die-Luft, kann das schlimme Folgen haben. Auch Forststraßen führen oft durch steile Hänge und sind meist nur durch ein einfaches Geländer abgesichert, unter dem das Kind durchrutschen kann. Bei mittelschweren Bergwanderungen (ROT) müssen Eltern gut überlegen, ob ihre Kinder den Anforderungen gewachsen sind – und unter Umständen eine Wanderung abbrechen. Auf schwierige Bergwanderungen (SCHWARZ) müssen Eltern im Regelfall im Interesse der Sicherheit ihrer Kinder verzichten.

Das Symbol »Kindereignung« bezieht sich nicht auf die Ungefährlichkeit der Tour, sondern auf ihren »Anregungswert« – und setzt voraus, dass Eltern sich selbst und ihre Kinder richtig einschätzen können.

15

Naturschutz

Prättigau und die Landschaft Davos bieten – abseits der großen Straßenverbindungen – weitgehend unversehrte Naturlandschaften. Es versteht sich darum von selbst, den »Knigge« für Wanderer zu beachten:

- von der Wanderung keine Blumen, dafür aber eigene Abfälle mitnehmen,
- Weidegatter schließen bzw. bei elektrischen Weidezäunen die Isolierungen wieder einhängen,
- vierbeinige Freunde an die Leine nehmen,
- als Raucher Vorsicht mit Streichhölzern und Zigaretten walten lassen, um Waldbrände zu vermeiden,
- auf den Wegen bleiben, um das Wild nicht zu beunruhigen und (in steilen Hängen) keine unnötigen Erosionsschäden zu verursachen,
- im Interesse der eigenen Sicherheit (Zeitreserve) und im Interesse des Wildes (in der Nacht gehört die Natur den Tieren) nach einer vernünftigen Zeitplanung wandern,
- Fahrverbote auf Forst- und Wirtschaftsstraßen nicht übertreten,
- auf dafür vorgesehenen, zumindest aber geeigneten Plätzen parken,
- wenn möglich, öffentliche Verkehrsmittel benützen.

Abkürzungen

BAW	Bündner Arbeitsgemeinschaft Wanderwege
bew.	bewirtschaftet
gj.	ganzjährig
Hm	Höhenmeter
LK	Landeskarte der Schweiz
SAC	Schweizer Alpenclub
SAW	Schweizer Arbeitsgemeinschaft Wanderwege

Postautos fahren weit hinein in die Nebentäler – und hinauf zu den letzten Siedlungen.

Talorte

Klosters-Platz, 1191 m, und Klosters-Dorf, 1124 m

Klosters ist – mit seinen Fraktionen Serneus, Selfranga, Äuja und Monbiel – der größte Ort im Prättigau. Das Kloster, das dem Ort seinen Namen gegeben hat, wurde am Anfang des 13. Jh. von den Prämonstratensern (Churwalden) gegründet. Sehenswerte Kirche (Turm aus der Romanik, gotische Malereien). Viele Flurnamen zeigen, dass die Gegend bereits viel früher (von Rätoromanen) besiedelt war. Im 14. Jahrhundert kamen Walser von Davos in dieses Gebiet, und die deutsche Sprache verdrängte die romanische. Ortsmuseum an der Straße nach Monbiel (»Nutli-Hüschi«, 1565). Bergsteigerschule. Bergbahnen Madrisa (Klosters-Dorf) und Gotschna/Parsenn (Klosters-Platz), zahlreiche Sessel- und Schlepplifte. Schwefelheilbad und berühmtes »Florin-Haus« im Ortsteil Serneus. Im Ortsteil Selfranga Einfahrt in den Vereinatunnel, der wintersicheren Verbindung mit dem Unterengadin (Autoverladung). Mit 19 km einer der längsten Tunnel im Alpenraum. Eisenbahntunnel. Wichtige Anmerkung für Bergwanderer: Nächtigungsgäste genießen für die Zeit ihres Aufenthalts in Klosters freie Fahrt mit Rhätischer Bahn, Ortsbussen und allen Bergbahnen in Klosters und Davos!

Klosters Tourismus, CH-7250 Klosters, Tel. +41/81/4102020, www.davos.ch/klosters (Wanderungen 1–9).

Im Prättigau sind Tourismusorte (außer Klosters, Saas und Küblis) zusammengefasst im Prättigau Tourismus, CH-7214 Grüsch, Tel. +41/81/3251111, info@praettigau.info, www.praettigau.info.
Informationen zu einzelnen Orten erhält man über diese Homepage und die Weiterwahl → Region → Feriendörfer.

Conters, 1110 m

Conters ist ein Haufendorf oberhalb des Tals. Sehenswerte Kirche aus dem Anfang des 16. Jahrhunderts, etwas unterhalb des Dorfs. Schöne Walserhäuser mit Spruchverzierungen.
Informationen und Quartierbestellungen: Prättigau Tourismus, CH-7214 Grüsch, Tel. +41/81/3251111, info@praettigau.info, www.praettigau.info (Wanderung 16).

Küblis, 814 m

Sehenswert sind zahlreiche Häuser, das »Schlössli« gegenüber der Kirche und die gotische Kirche aus dem 15. Jh. Küblis ist Endpunkt der historisch bedeutsamen Parsennabfahrt.
Informationen und Quartierbestellungen nicht über Prättigau-Tourismus, sondern über www.davos.ch/klosters, info@klosters.ch.

Pany, 1249 m

Aussichtsreiches Dorf im Sonnenhang, geprägt von Landwirtschaft und Tourismus (großes Angebot, vor allem an Ferienwohnungen). Auffahrt mit PKW oder Bus von Küblis über Luzein (958 m, schöne spätgotische Kirche). Informationen und Quartierbestellungen: Prättigau Tourismus, CH-7214 Grüsch, Tel. +41/81/3251111, info@praettigau.info, www.praettigau.info (Wanderung 15).

St. Antönien, 1420 m

Das Dorf ist eine typische Walsersiedlung mit weit über den Berghang verstreuten Häusern. Ausgangspunkt für zahlreiche Bergwanderungen. Fahrsträßchen zum großartigen Talschluss (Partnun) mit den eindrucksvollen Felswänden von Sulzfluh, Wissplatte und Schijenflue. Auffahrt von Küblis über Pany. Im Gebiet der Gemeinde St. Antönien darf man sein Auto nur auf einem von 13 gebührenpflichtigen Parkplätzen abstellen (ausgenommen private Parkplätze). Außer dem Parkplatz 6 sind für den Bergwanderer z. B. wichtig: P 12 als letzter Parkplatz im Gafiertal und P 21 in Aschüel. Informationen und Quartierbestellungen: Prättigau Tourismus, CH-7214 Grüsch, Tel. +41/81/3251111, info@praettigau.info, www.praettigau.info (Wanderungen 10–14).

Fideris, 897 m

Ruhiges Dorf hoch über dem Talboden. Schöne Herrenhäuser. Hier beginnt die Bergstraße zu den Fideriser Heubergen. Informationen und Quartierbestellungen: Prättigau Tourismus, CH-7214 Grüsch, Tel. +41/81/3251111, info@praettigau.info, www.praettigau.info (Wanderungen 17–18).

Jenaz, 755 m

Zahlreiche schöne Walserhäuser im alten Dorfkern. Besonders sehenswert das »Haus Valär« am Platz aus dem Jahr 1728. Ebenso wie in Fideris wurde Jenaz 1622 von der Brandschatzung durch die Österreicher verschont. Daher blieben viele alte Gebäude erhalten. Informationen und Quartierbestellungen: Prättigau Tourismus, CH-7214 Grüsch, Tel. +41/81/3251111, info@praettigau.info, www.praettigau.info.

Schiers, 660 m

Hauptdorf des vorderen Prättigaus. Eine der ältesten Siedlungen im Tal, bronzezeitliche Funde. Bereits 1101 urkundlich erwähnt. Kleine schindelgedeckte Kirche mit gotischen Malereien. Zur Gemeinde gehört der hoch

Serneus, ein Ortsteil von Klosters mit einer sehenswerten Kirche und schönen alten Walserhäusern.

Mannstreu im Alpinum Schatzalp.

gelegene Weiler Schuders, von Schiers erreichbar (bei der Auffahrt sehenswert: Salignatobelbrücke). Bergstraßen zum Stelser Berg (Naturschutzgebiet).

Informationen und Quartierbestellungen: Prättigau Tourismus, CH-7214 Grüsch, Tel. +41/81/3251111, info@praettigau.info, www.praettigau.info (Wanderungen 19, 21, 22).

Fanas, 910 m
Bergdorf hoch über dem Talboden. Sehenswertes »Sprecherhaus« (1677). Kleine Kabinenbahn (ganzjährig), am Wochenende Platzreservierung empfehlenswert (Tel. +41/81/3251939).

Informationen und Quartierbestellungen: Prättigau Tourismus, CH-7214 Grüsch, Tel. +41/81/3251111, info@praettigau.info, www.praettigau.info (Wanderung 20).

Seewis, 947 m
Sonnige und windgeschützte Lage am Südostfuß des Vilan, berühmte Narzissenblüte auf Fadära; früher Kurhaus für Lungenkranke, die sich vor einem Aufenthalt in Davos in geringerer Höhe akklimatisieren wollten.

Informationen und Quartierbestellungen: Prättigau Tourismus, CH-7214 Grüsch, Tel. +41/81/3251111, info@praettigau.info, www.praettigau.info (Wanderung 23).

Grüsch, 630 m
Hübscher Ort mit alten Häusern. »Haus zum Rosengarten« (1650) mit Talmuseum (kulturhistorische Sammlung und wechselnde Ausstellungen). Wintersportgebiet (Gondelbahn Danusa, Schlepplifte, nur Winterbetrieb). Busverbindung mit Valzeina (1119 m). Abzweigung der Bergstraße nach Seewis (964 m).

Informationen und Quartierbestellungen: Prättigau Tourismus, CH-7214 Grüsch, Tel. +41/81/3251111, info@praettigau.info, www.praettigau.info.

Valzeina, 1100 m
Bergbauerndorf in prachtvoller Lage. Typische Walser Streusiedlung.

Informationen und Quartierbestellungen: Prättigau Tourismus, CH-7214 Grüsch, Tel. +41/81/3251111, info@praettigau.info, www.praettigau.info (Wanderung 24 und 25).

Davos-Platz, 1540 m, und Davos-Dorf, 1560 m

Zu Davos gehören die Ortsteile Frauenkirch (1505 m), Glaris (1454 m) und Monstein (1626 m) und mehrere kleinere Ortsteile wie Wolfgang, Laret, Clavadel und Spina. Luftkurort und Wintersportdestination (zahlreiche Bergbahnen – Schatzalp, Parsenn, Pischa, Rinerhorn und Jakobshorn). Die Stadt (!) Davos gehört neben St. Moritz und Arosa zu den bedeutendsten internationalen Fremdenverkehrsorten. Davos wurde im Hochmittelalter von Walsern besiedelt. Die reformierte Pfarrkirche aus dem 15. Jh. ist sehenswert. Nahe der Kirche das Rathaus aus dem 16. Jh. mit bemerkenswerter Einrichtung. Kirchner-Museum mit einer Sammlung von Bildern des Malers Ernst Ludwig Kirchner, der von 1917 bis zu seinem Tod 1938 in Frauenkirch lebte. Skihistorisch bedeutend ist die Parsennabfahrt von der Weissfluh nach Küblis. Eidgenössisches Institut für Schnee- und Lawinenforschung Weissfluhjoch seit 1936. Erwerbsquellen waren ursprünglich Landwirtschaft und Säumerei (nach Tirol und in den Vinschgau), der Viehhandel mit Italien und der Bergbau am Silberberg. Zu Beginn des 19. Jahrhunderts zahlreiche Auswanderungen wegen der ungünstigen wirtschaftlichen Lage. Die große Wende erfolgte, als sich Dr. Alexander Spengler in Davos niederließ. Er begründete den Kurort Davos. Die Heilkraft des Davoser Höhenklimas wurde insbesondere bei Tuberkulose geschätzt. Die Gäste kamen immer zahlreicher und bald auch im Winter. Nach dem Ersten Weltkrieg war Davos der beliebteste Kurort für Lungenkranke (vgl. Thomas Mann, »Der Zauberberg«). Nach dem Zweiten Weltkrieg wurden lange und teure Kuraufenthalte durch neue Behandlungsmethoden (Antibiotika) überflüssig – Sanatorien verwandelten sich in Sporthotels, ein einträglicher Kongresstourismus wurde aufgebaut.

Gut für Bergwanderer: Nächtigungsgäste genießen während des Aufenthalts freie Fahrt mit Rhätischer Bahn, Ortsbussen und den Bergbahnen in Davos und Klosters!
Davos Tourismus, CH-7270 Davos, Tel. +41/81/4152121, www.davos.ch, info@davos.ch. Wanderungen 26–37 (Davos-Dorf), 38–50 (Davos-Platz).

»Haus zum Rosengarten« in Grüsch.

Wissenwertes zum Wandergebiet

Das Prättigau und die Landschaft Davos sind prachtvolle Wandergebiete mit einem schier unerschöpflichen Angebot an Wanderungen unterschiedlicher Schwierigkeit und Länge. Unser Führergebiet erstreckt sich von der Chlus (nahe bei Landquart) bis Monstein im Landwassertal. Die großartige Landschaft ließ – in Verbindung mit einem günstigen Klima und guten Verkehrsverbindungen – den Fremdenverkehr im Sommer und im Winter aufblühen. Verständlich, dass der Tourismus sowohl im weltberühmten Davos als auch im stilleren Prättigau große wirtschaftliche Bedeutung besitzt.

Dass sich der Name »Prättigau« vom lateinischen *pratum* (= Wiese) ableitet, ist unwahrscheinlich. Wiesen gab es zunächst kaum, dafür aber dichte Wälder. Der Waldreichtum ist auch heute noch charakteristisch für das Prättigau. Die Folge ist eine ausgedehnte Forstwirtschaft. Der fruchtbare Boden ließ größere Ansiedlungen im Tal entstehen und zahlreiche kleine Dörfer auf den Hangterrassen – eine erstaunlich dichte Besiedelung im Gegensatz zur Landschaft Davos. Heute gibt es im Prättigau tatsächlich üppige Wiesen und als wirtschaftliche Entsprechung Viehzucht.

Die Landschaft Davos liegt sozusagen ein Stockwerk höher. Auf die ungleich dünnere Besiedelung wurde bereits verwiesen. Sie konzentriert sich auf Davos-Dorf und Davos-Platz, die auf uns nicht nur städtisch wirken, sondern

Altes Walserhaus in Klosters, heute das Heimatmuseum.

Im Abstieg von der Weissfluh. Hinten die Bergumrahmung von Arosa.

tatsächlich zu den vier Städten Graubündens (Chur, Davos, Maienfeld, Ilanz) gehören. Ortsteile wie Frauenkirch, Glaris oder Monstein zeigen bereits ländlichen Charakter. Bergstraßen führen bis in bedeutende Höhen hinauf – zum Flüelapass (2383 m), nach Dürrboden (2007 m) im Dischmatal und nach Sertig-Dörfli (1861 m) im Sertigtal.

Eine Eigenart vieler Wanderungen im Prättigau und in der Landschaft Davos sind die hohen Ausgangspunkte – und zwar nicht nur jene, die mit dem Postauto oder dem eigenen PKW erreicht werden können. Von den Bergstationen der zahlreichen Bergbahnen aus lassen sich ungewöhnlich viele hohe und aussichtsreiche Gipfel im Rahmen von Tagestouren erreichen. Beliebt sind auch Übergänge in andere Talschaften, z. B. ins Schanfigg, ins Unterengadin oder ins Albulagebiet. Die Rückkehr ist zumeist mit der Rhätischen Bahn möglich.

Geschichte

Besiedelt war das Gebiet schon in der mittleren Bronzezeit, mit anderen Worten also in grauer Vorzeit. Genaueres wissen wir erst aus späteren Jahrhunderten, etwa von den Römern, die von den »wilden Rätern« sprachen, einer Vermischung der bronzezeitlichen Bevölkerung mit illyrischen Einwanderern. Die keltisch-illyrische Ursprache wurde nun vom Romanischen überdeckt, das man bis ins 15. Jahrhundert sprach.

Prättigau und Landschaft Davos sind altes Walserland. Die Walser waren Auswanderer, die zwischen dem 12. und dem 14. Jahrhundert in nähere und entferntere Alpengebiete eindrangen. Die Gründe für die Auswanderung aus dem Rhonetal waren vermutlich Übervölkerung im heimatlichen Raum und

Aufheiterung für müde Wanderer: Holz-stoß mit Blumenfenster.

Angebote größerer Freiheitsrechte in den neuen Gebieten. Die leicht zu bewirtschaftenden Talböden waren längst besiedelt. Die Auswanderer mussten deshalb entlegene und hoch gelegene Alpweiden erschließen.

Die Walser zogen sowohl nach Süden – etwa ins Tessin oder in hoch gelegene Täler südlich des Monta Rosa – als auch nach Osten – ins Berner Oberland, über den Oberalppass zu Vorderrhein und Hinterrhein. Von diesen Stammkolonien aus drangen sie in die Nachbartäler vor. Eine Stammkolonie der Walser entstand gegen Ende des 13. Jahrhunderts in Davos. Sie strahlte ins Schanfigg aus, ins Churwaldner Tal, ins Prättigau, aber auch nach Liechtenstein und Vorarlberg (vgl. »Walsertal«). Die Walser im Prättigau und in Davos konnten einen günstigen Lehensvertrag mit dem Landesherren abschließen, der ihnen für einige Jahre Steuerfreiheit gewährte. Auch sonst gewährte die Lehensurkunde viele Vorteile. Der Boden gehörte zwar dem Landesherren, die Siedler erhielten ihn aber als Erblehen – das heißt, sie waren persönlich frei und durften ihre Gemeinden somit selbst verwalten.

Fotogenes Braunvieh in der Schwifurgga (Tour 44).

Auf der Stafelalp stellen häufig Künstler ihre Werke aus – in Erinnerung an den bedeutenden Maler Kirchner, der sich hier gerne aufgehalten hat (Tour 42).

Die romanische Bevölkerung war nicht recht zahlreich. Sie wurde von den deutschsprachigen Walsern überdeckt. Die romanische Sprache hat sich nur mehr in Orts- und Flurnamen erhalten.

Die spätere Geschichte verläuft ähnlich wie in anderen Talschaften Graubündens. Stets eng war die Verbindung vom Prättigau und der Landschaft Davos mit dem Schanfigg, mit Churwalden und der Bündner Herrschaft. Vor allem wegen der kriegswichtigen Pässe kam es im 17. Jahrhundert zu Kämpfen und Streitigkeiten, vor allem mit den Österreichern, die hier übel hausten und von denen sich die »Acht Gerichte« durch eine hohe Ablösezahlung loskauften. 1803 kehrte endgültig Ruhe ein: Graubünden ist seither ein eigenständiger Kanton der Schweiz.

Vegetation und Tierwelt

Das Prättigau und die Landschaft Davos weisen eine ungemein reichhaltige Pflanzen- und Tierwelt auf. Um sie zu erhalten, sind eine Reihe von Pflanzenschutzgebieten eingerichtet und entsprechend beschildert worden. Beispiele sind der Stelser See mit der Weißen Seerose als besonderer Rarität oder die Narzissenfelder bei Seewis. Wildschutzgebiete sind durch eine eigene Markierung (gelb-rot) ausgewiesen.

Aus dem Prättigau in die Landschaft Davos

Der Schluchtweg ist eine abwechslungsreiche Wanderung, die im Ortsgebiet von Klosters beginnt. Im Frühjahr – wegen der Höhenlage erst im Mai und im Juni – finden wir eine üppige Blütenpracht vor. Interessant ist ein Bergsturzgebiet, das wir durchqueren, ein landschaftlicher Höhepunkt natürlich der zauberhafte Davoser See mit seiner großartigen Bergumrahmung.

Talort: Klosters-Platz, 1191 m.
Ausgangspunkt: Station Klosters-Platz der Rhätischen Bahn.
Höhenunterschied: 570 m im Aufstieg, 200 m im Abstieg. Zusätzlich kleine Höhenverluste bzw. Gegenanstiege.

Anforderungen: Gut markierter, mitunter schmaler, teilweise auch steiler Weg, für den ein wenig Trittsicherheit erforderlich ist.
Einkehr: Grüenbödeli (»Renatas Grillplatz«).

Blick auf den Davoser See von der Alp Drusatscha.

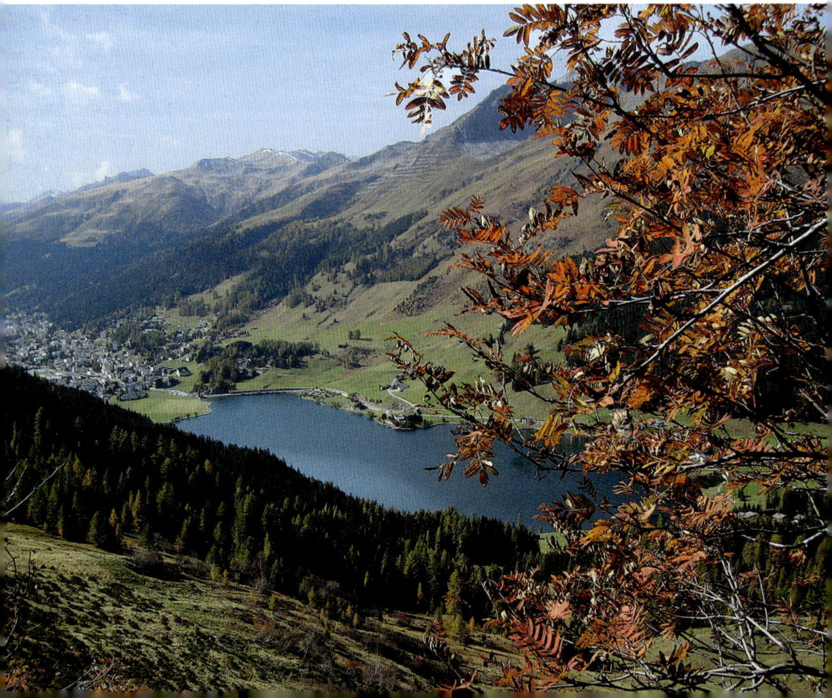

Vom **Bahnhof (1)** zur und über die Brücke beim Parkhotel. Den Hinweisschildern folgend neben der belebten Fahrstraße zur »**Alten Säge**« **(2)** am Beginn des Wanderweges; kleiner Parkplatz, gebührenpflichtig. Mit gutem Höhengewinn steigen wir neben dem Stützbach auf und überqueren ihn schließlich auf einer Brücke. Im folgenden Teil wurde der Stützbach verlegt und zu einem künstlichen Wildbach. In Kehren schließlich hinauf und Richtung Auto-Verladestation **Selfranga (3)**. Der Vereinatunnel verbindet das Prättigau mit Sagliains (bei Lavin) im Unterengadin. Kurzzeitig auf einem Fahrweg durch eine Unterführung, dann ziemlich steil durch den Wald (Blick in die Schlucht). Nach einem Bergsturz geht es den Bach entlang zum **Grüenbödeli (4)**, einem schönen Rastplatz. Wir überqueren den Bach und steigen auf einem

steilen Alpweg zum Eingang des Mönchalptales auf. Oberhalb der Bachschlucht erreichen wir die Holzbrücke am »**Tritt**« **(5)**, 1616 m. Über den Bach, durch Wald und über Wiesen (herrliche Enziane im Frühjahr) zur **Alp Drusatscha (6)**, 1759 m. Von hier aus sehen wir bereits Davos. Den Bach entlang wandern wir abwärts zum **Davoser See (7)**. Ein schöner Waldweg (»Promenade«) führt am Ostufer entlang. Zuletzt kurz auf einer Fahrstraße nach **Davos-Dorf (8)**.
Rückfahrt nach Klosters mit der Rhätischen Bahn (Züge verkehren stündlich).

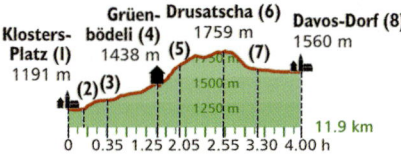

27

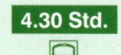
Zwei großartige Wege ins Unterengadin

Der schnellste Weg vom Prättigau ins Unterengadin führt durch die lange Röhre des Vereinatunnels, der vielleicht schönste auf unseren Wanderrouten zu den zauberhaften Jöriseen, zum Jöriflesspass und über zwei Alpen (Alp Jörifless Dadaint und Alp Jörifless Dadora) nach Röven an der Straße zum Flüelapass. Landschaftlich begeistern nicht nur die Seen, sondern auch mächtige Gipfel der Silvrettaalpen wie Plattenhörner oder Piz Linard. Von Röven kehrt man mit dem Bus nach Davos und mit der Rhätischen Bahn nach Klosters zurück. Und der zweite großartige Weg ins Unterengadin? Er führt führt – allerdings mit dem Nachteil, dass die Jöriseen nicht berührt werden – ziemlich direkt vom Berghaus Vereina zum Vereinapass. Hier überrascht uns ein fast beängstigender Nahblick auf Plattenhörner und Piz Linard. Der Abstieg führt durch eine ungewöhnlich raue und ursprüngliche Berglandschaft: durch die Val Sagliains nach Susch. Besonders gehtüchtige Bergwanderer steigen in Susch in 30 Min. zur Burgruine (»Fortezza«) auf Caschlina auf. Die sehenswerte Anlage ist gut abgesichert. Erbaut wurde sie 1635 von Herzog Rohan.

Kurz vor den Jöriseen. Rückblick auf unseren Anstiegsweg vom Vereinahaus.

![Wer zu Fuß zum Vereinahaus aufsteigt, hat einen schönen Blick in die Silvretta.]

Wer zu Fuß zum Vereinahaus aufsteigt, hat einen schönen Blick in die Silvretta.

Talort: Klosters-Platz, 1191 m.

Ausgangspunkt: Berghaus Vereina, 1943 m. Hierher mit dem Hüttentaxi (Anmeldung erforderlich, Tel. +41/81/4221216). Oder: Mit dem Ortsbus nach Monbiel. Zu Fuß in 3.15 Std. zum Berghaus.

Höhenunterschied: 620 m im Aufstieg, 720 m im Abstieg.

Anforderungen: Bergwanderung auf unschwierigen, jedoch rauen und teilweise steilen Bergwegen. Trittsicherheit erforderlich.

Einkehr: Berghaus Vereina, privat, bewartet Juni – Mitte Oktober, 50 Schlafplätze, Tel. +41/81/4221216.

Varianten: a) ROT Vereinapass, 2585 m. Der Übergang nach Susch im Unterengadin. 5 Std. vom Berghaus Vereina durch das Süser Tal zum Vereinapass. Abstieg durch die Val Sagliains bis zu einer Wegverzweigung (Fop Tiamarsch, 1718 m). Hier nach rechts und in einigem Auf und Ab queren, bis man schließlich zum bereits lange sichtbaren Susch absteigen kann.

b) Rundwanderung: Rückkehr von der Alp Fless Dadaint über den Flesspass zum Berghaus Vereina. Knapp 1 Std. länger, doch Wegfall der Bus-Bahn-Verbindung von Röven nach Klosters.

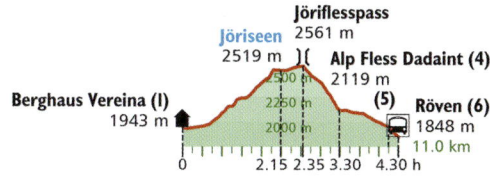

Jöriflesspass 2561 m
Jöriseen 2519 m
Alp Fless Dadaint (4) 2119 m
Berghaus Vereina (I) 1943 m
(5)
Röven (6) 1848 m
11.0 km

2500 m
2250 m
2000 m

0   2.15 2.35 3.30   4.30 h

Blick auf Susch. Links auf dem Hügel die sehenswerte Burgruine Fortezza.

Als Tagestour von Klosters bzw. Monbiel ist diese Bergwanderung nur ganz besonders gut trainierten Bergfreunden anzuraten. »Normale« Bergwanderer benützen das Hüttentaxi oder steigen am Vortag ohne Orientierungsschwierigkeiten von Monbiel (mit dem Ortsbus erreichbar) auf einem Fahr- bzw. Fußweg zum **Berghaus Vereina (1)** auf. Die gemütliche Unterkunft ist beliebt, in der Hochsaison daher eine Anmeldung zu empfehlen. Vom Berghaus überqueren wir den Vernelabach und wandern Richtung Süd zu einer Wegverzweigung. Hier geradeaus und stets in der Nähe des Jöribaches, teilweise durch etwas sumpfiges Gelände durch das Tal. Eine Bachschlucht zwingt uns, in die Flanke auszuweichen. Wir holen nach links aus und erreichen in einem Bogen die nächste Hochebene. Nach kurzer Zeit werden wir neuerlich nach links abgedrängt und steigen schließlich durch felsdurchsetztes Gelände zu den **Jöriseen (2)** auf. Bei einer Wegtafel auf einer Kuppe oberhalb der Seen halten wir uns links und wandern an zwei Seen vorbei in sanftem Anstieg zum **Jöriflesspass (3)**. – Der erste Teil des Abstiegs verlangt etwas Aufmerksamkeit, weil wir zunächst nur Wegspuren vorfinden. Später geht es auf einem deutlich ausgeprägten Fußweg zur **Alp Fless Dadaint (4)**, der »Inneren« Alp Fless. Dem Bach entlang wandern wir auf breitem Alpweg weiter zur **Alp Fless Dadoura (5)**, der »Äußeren« Alp Fless. Weiter auf einem (natürlich nicht-öffentlichen) Fahrsträßchen, zuletzt nach rechts und auf steilem Weglein über eine kurze Hangstufe durch den Wald nach **Röven (6)** an der Flüelastraße hinunter. Mit dem Postauto nach Davos (für Gruppen ab 8 Personen Reservierung erforderlich, Tel. +41/81/4131918) und mit der Rhätischen Bahn nach Klosters.

Unterwegs auf dem Prättigauer Höhenweg

Der Prättigauer Höhenweg führt von der Saaser Alp über eine Scharte, das Fürggli, 2255 m, nach St. Antönien. Das Jägglisch Horn ist nur 35 m höher und unschwer erreichbar. Die kleine zusätzliche Mühe lohnt! Die gegen das Landquarttal vorgeschobene Kuppe wartet mit einer ungewöhnlich umfassenden Aussicht auf. Eindrucksvoll sind vor allem die Nahblicke zu formschönen Gipfeln des Rätikon wie Sulzfluh, Drusenfluh oder Schesaplana.

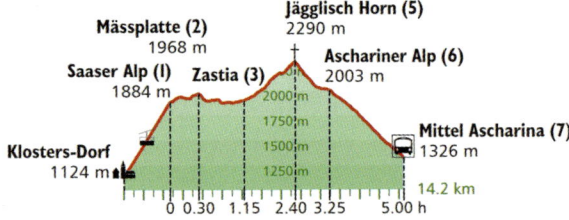

Talort: Klosters-Platz, 1191 m.
Ausgangspunkt: Talstation der Madrisabahn, 1124 m. Von Klosters-Platz mit dem Ortsbus oder dem eigenen PKW nach Klosters-Dorf. Weiter zu den großen Parkplätzen der Madrisabahn. Mit der Kleingondelbahn zur Bergstation, 1884 m. Hierher zu Fuß in 2 Std.

Höhenunterschied: 450 m im Aufstieg, 1000 m im Abstieg; zahlreiche kleine Höhenverluste und Gegenanstiege, vor allem zwischen Saaser Alp und Zastia.
Anforderungen: Teilweise raue Wege, mitunter steil, Trittsicherheit erforderlich.
Einkehr: Erst am Ende der Bergwanderung in St. Antönien.

Von **Klosters-Dorf** mit der Madrisabahn zur Bergstation **Saaser Alp (1)**. Nun wandert man auf breitem Weg zum Untersäss und weiter zur **Mässplatte (2)**, einem schönen, gegen das Tal vorgeschobenen Aussichtspunkt. Der Weg wird schmäler, das Gelände felsdurchsetzt. Mit zahlreichen kleinen Höhenverlusten und Gegenanstiegen erreichen wir über Geröll und durch Latschen schließlich die Alpsiedlung **Zastia (3)**. Weiter zur Hüschicalanda und zu den verfallenen Hütten von Dörfji. Nun weglos, aber ausreichend markiert in ansteigender Querung zum

Die letzten Meter zum Jägglisch Horn. Rechts hinten die Rätschenflue.

Fürggli (4), einer Einsattelung östlich des **Jägglisch Horns (5)**. Den Gipfel (Steinmann) erreicht man in kurzem Anstieg über den Rücken.

Der Abstieg beginnt steil, bald aber quert man rechts in der Flanke zur **Aschariner Alp (6)** in den Talschluss hinab. Dem Bach entlang, mehrmals die Seite wechselnd, nach **Mittel Ascharina (7)**, einem Ortsteil von St. Antönien. Hier erreicht man die Fahrstraße (Bushaltestelle). Zurück mit PTT-Bus und Rhätischer Bahn über Küblis nach Klosters.

Wanderung für trittsichere Bergfreunde

Die Wanderung führt durch eine eigenartige Kalklandschaft: Sie erinnert an Karl-May-Filme, die in den Karstbergen Kroatiens gedreht wurden. Die Tour ist nicht allzu schwierig, erfordert aber Bergerfahrung und Trittsicherheit. Beim Aufstieg Zeitverlust durch das ständige leichte Auf und Ab des Weges. Vorsicht bei schlechter Sicht: links (westlich) vom Gratrücken Felsabbrüche!

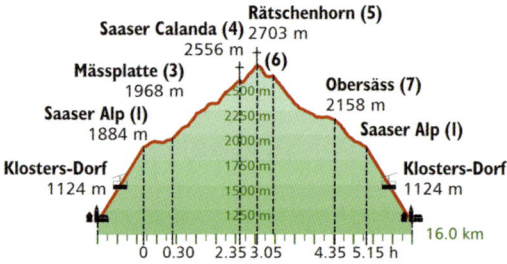

Talort: Klosters-Platz, 1191 m.
Ausgangspunkt: Talstation der Madrisabahn, 1124 m. Von Klosters-Platz mit Ortsbus oder PKW nach Klosters-Dorf. Weiter zu den großen Parkplätzen der Madrisabahn. Mit der Gondelbahn zur Bergstation, 1884 m. Hierher zu Fuß 2 Std.

Höhenunterschied: 820 m.
Anforderungen: Teilweise steil. Im oberen Teil des Anstiegs zum Saaser Calanda felsdurchsetztes Gelände. Trittsicherheit erforderlich.
Einkehr: Erst am Ende der Bergwanderung in der Bergstation »Madrisa«.

Auf dem Weg zur Saaser Calanda. Gipfel im Hintergrund: Drusenfluh und Sulzfluh.

Von **Klosters-Dorf** mit der Madrisabahn zur Bergstation **Saaser Alp (1)**. Der Wegtafel folgend auf dem Prättigauer Höhenweg zu einer **Wegverzweigung (2**, Untersäss). Hier links und hinüber zur **Mässplatte (3)**, 1968 m, einer vorgeschobenen Kuppe mit schöner Aussicht. Erst steil, dann in wechselnder Steilheit wandern wir zu einem Rücken. In leichtem Auf und Ab geht es auf einem schmalen Weglein durch eine eigenartige Kalklandschaft. Wir erreichen nun eine Hochfläche unterhalb auffallender »Hörner« (Geisshorn, Bockhorn). Stets Richtung Nord und dem Gratrücken entlang oder auf diesem Rücken selbst zu einer behäbigen Kuppe, die aber nach West ganz und gar nicht behäbig ist, sondern mit senkrechten Wänden abbricht: der **Saaser Calanda (4)**. Das etwas höhere **Rätschenhorn (5)** lässt sich leicht »mitnehmen«: erst abwärts, mit eindrucksvollem Blick auf die mächtigen Felsabstürze der Rätschenflue, dann nach kurzem Aufstieg zum Gipfel, 2703 m. Im Abstieg leitet uns die Markierung über Felsen und Geröll, zuletzt einen bröseligen Hang querend, zum **Rätschenjoch (6)**, 2602 m. Unter uns befinden sich eigenartige Kalkplatten, die »Gafierplatten«. Vom Joch sehen wir bereits unseren weiteren Abstieg vor uns: durch eine steile Flanke in den Chüecalanda hinunter, sanft durch diese Alpwiesen, dann nach links um einen Rücken herum zum **Obersäss (7)**. Nun steil auf einem Zickzackweglein zum Untersäss. Damit schließt sich der Kreis – in wenigen Minuten haben wir die **Bergstation Saaser Alp (1)** der Madrisabahn erreicht.

Übergang ins Hochtal von St. Antönien

Der Übergang von der Saaser Alp nach St. Antönien gehört zu den klassischen Wanderungen im Prättigau und steht wohl auf dem Tourenplan eines jeden Wanderers, der eine Woche in Klosters verbringt. Natürlich wird man sich das Rätschenhorn nicht entgehen lassen. Wegen seiner Höhe und vorgeschobenen Lage ist es ein hervorragender Aussichtsgipfel, der den Abstecher reichlich lohnt. Für den langen Abstieg nach St. Antönien braucht man Kondition – und gute Kniegelenke! Mangelt es daran, sollte man besser auf dem Anstiegsweg zur Bergstation zurückkehren. In diesem Falle eignet sich der Gipfel auch für gehtüchtige Kinder in Begleitung bergerfahrener Eltern. Im Bergdorf St. Antönien erregen die selbst für die Schweiz ungewöhnlich zahlreichen Lawinenverbauungen Aufmerksamkeit. Die Lawinen, die vom Chüenihorn herabdonnerten, konnten erst durch aufwendige Schutzbauten gebändigt werden. Auch einzelne Häuser mussten geschützt werden – durch »Äbähöch«, Keile, die Lawinen teilen und links und rechts vom Haus ableiten.

Talort: Klosters-Platz, 1191 m.
Ausgangspunkt: Talstation der Madrisabahn, 1124 m. Von Klosters-Platz mit Ortsbus oder PKW nach Klosters-Dorf. Weiter zu den großen Parkplätzen der Madrisabahn. Mit der Gondelbahn zur Bergstation, 1884 m. Hierher zu Fuß 2 Std.
Höhenunterschied: 820 m im Aufstieg, 1290 m im Abstieg.
Anforderungen: Schmale und raue Bergwege ohne besondere alpine Schwierigkeiten. Trittsicherheit erforderlich. Wegen der bedeutenden Höhe auf stabiles Wetter achten – bei einem Kaltwettereinbruch kann es auch im Sommer schneien!
Einkehr: Gasthöfe in Sunnistafel und Rüti.
Variante: Abstieg vom Rätschenhorn zurück zur Bergstation. 2 Std.

Im Aufstieg zum Rätschenhorn. Prachtvoller Blick in die Silvrettaalpen.

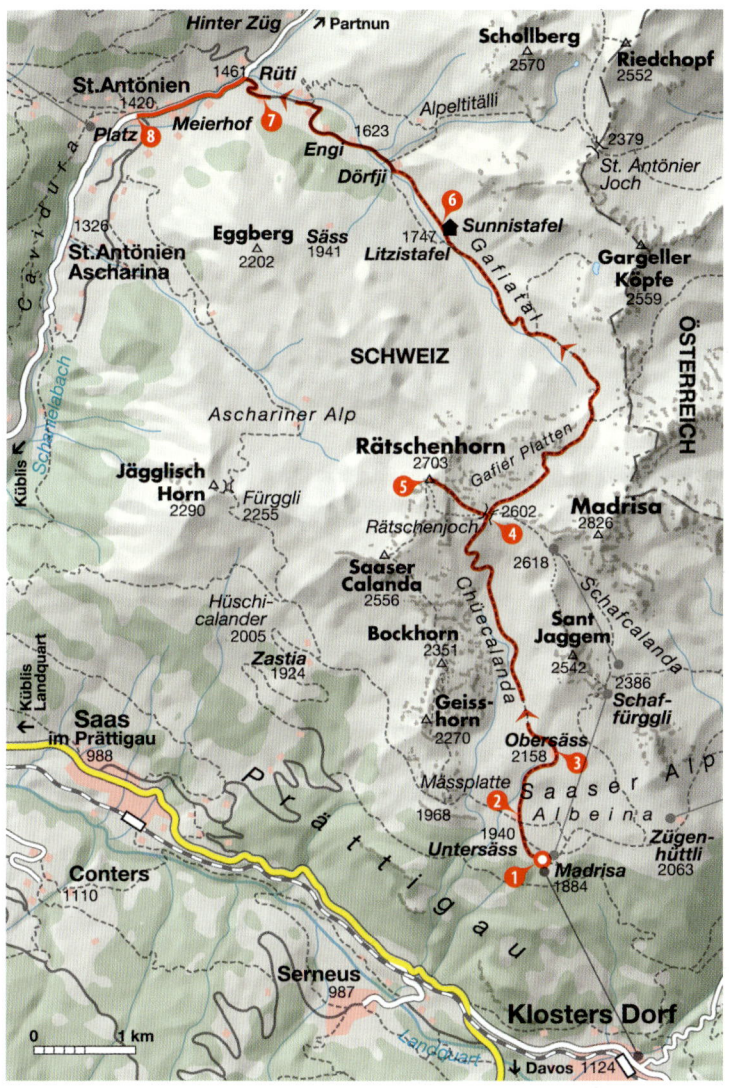

Hinter Züg   ↗ Partnun

Schollberg
△ 2570

Riedchopf
2552

St.Antönien
1420   1461 *Rüti*

Meierhof **7**

Platz **8**

Alpeltitälli

1623

Engi

Dörfji

2379

St. Antönier Joch

6 *Sunnistafel*

1747

Litzistafel

Gafiatal

1326

St.Antönien
Ascharina

Eggberg
△ 2202

Säss
1941

Gargeller
Köpfe
2559

Kübelis

Schmelzbach

SCHWEIZ

ÖSTERREICH

Aschariner Alp

Rätschenhorn
△ 2703

Gafier Platten

**Jägglisch
Horn**
2290

Fürggli
2255

5

Rätschenjoch   2602

4

Madrisa
△ 2826

2618

Kübelis
Landquart

**Saaser
Calanda**
2556

*Hüschi-
calander*
2005

Zastia
1924

Bockhorn
2351

Chücalanda

Schafcalanda

**Sant
Jaggem**
2542

2386

*Schaf-
fürggli*

Saas
im Prättigau
988

**Geiss-
horn**
2270

Obersäss
2158   **3**

Mässplatte
1968   **2**

S a a s e r   A l p

Albeina

*Zügen-
hüttli*
2063

Conters
1110

P r ä t t i g a u

Untersäss
1940

1 *Madrisa*
1884

Serneus
987

0   1 km

Landquart

Klosters Dorf

↓ Davos 1124

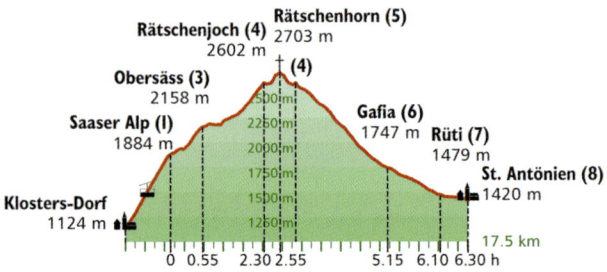

Von **Klosters-Dorf** mit der Madrisabahn zur Bergstation **Saaser Alp (1)**. Über schönes Alpgelände mit herrlichem Blick nach Süden, zu den Plessuralpen (Skigebiet von Klosters und Davos) rechts und der Silvretta links, zum **Untersäss** (**2**, 1940 m, große Alp mit Verkauf von Milchprodukten). Weiter in einem steilen und anstrengenden Anstieg zum **Obersäss (3)**, 2158 m. Hier quert man fast eben in ein Bachtälchen ein und wandert anschließend mit mäßigem Höhengewinn durch die Chüecalanda. Nun wird es beim Aufstieg zum **Rätschenjoch (4)**, 2602 m, wieder ordentlich steil. Frühaufsteher werden belohnt, denn wegen der sonnseitigen Lage ist dieser Aufstieg nicht gerade für die Mittagszeit zu empfehlen. Im Joch öffnet sich der Blick auch nach Norden zu den eindrucksvollen Klettergipfeln des Rätikon. Vom Joch erreichen wir in einer knappen halben Stunde über Geröll und felsiges Gelände das **Rätschenhorn (5)**, 2703 m. Vorsicht: Der Gipfel bricht nach Südwesten mit einer ungemein steilen Felsmauer, der »Rätschenflue«, ab.

Auf dem Anstiegswege kehren wir nach einer entsprechenden Schau-Rast zum Rätschenjoch zurück. Über eigenartige glatte Kalkplatten (»Gafierplatten«), später durch Blockwerk und Geröll steigen wir in eine Mulde ab, lassen den Abzweig nach Gargellen rechts liegen und erreichen in einem Linksbogen die weiten Almböden von **Gafia (6)** mit Litzistafel und Sunnistafel. Immer am Gafierbach entlang, erst auf einem Fuß-, zuletzt auf einem Fahrweg, erreichen wir über die Weiler Dörfji und Engi das Fahrsträßchen, das von St. Antönien nach Partnun führt. Auf diesem Sträßchen wandern wir über **Rüti (7)** nach **St. Antönien-Platz (8)**.

Es lohnt, sich im Dorf ein wenig umzusehen. Von den schönen alten Häusern ist als Beispiel das Hotel Rhätia neben der Kirche zu erwähnen. Das Gotteshaus selbst ist ein gotischer Bau aus dem Jahre 1493. Die anschließende Rückkehr zum Ausgangspunkt ist auch mit öffentlichen Verkehrsmitteln – wie fast überall im Prättigau – kein Problem: Mit dem Postauto erreichen wir Küblis und anschließend mit der Rhätischen Bahn Klosters.

Im Bild das Gafiertal, durch das unser Abstieg nach St. Antönien führt.

6 Schlappiner Joch, 2202 m

5.45 Std.

Wanderung zur Grenze zwischen Rätikon und Silvretta

Die Ersteigung des aussichtsreichen Doppelgipfels an der Grenze zwischen Rätikon und Silvretta (Variante) – weglos, leichte Kletterei – wäre der Höhepunkt eines erlebnisreichen Bergtages. Man ist jedoch auch mit dem Schlappiner Joch gut bedient, das nicht nur Rätikon und Silvretta voneinander trennt, sondern auch das Prättigau von Vorarlberg.

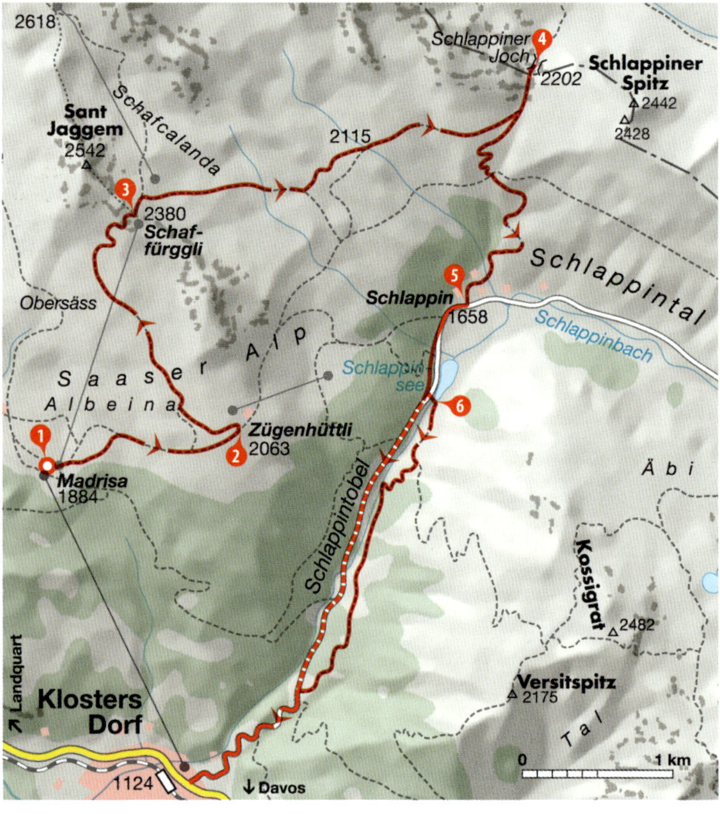

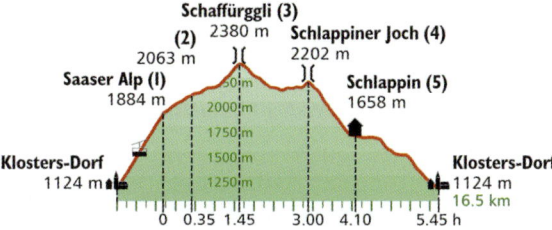

Schaffürggli (3)
2380 m

(2)
2063 m

Schlappiner Joch (4)
2202 m

Saaser Alp (l)
1884 m

Schlappin (5)
1658 m

Klosters-Dorf
1124 m

Klosters-Dorf
1124 m
16.5 km

2250 m
2000 m
1750 m
1500 m
1250 m

0   0.35 1.45   3.00 4.10   5.45 h

Talort: Klosters-Platz, 1191 m.
Ausgangspunkt: Talstation der Madrisabahn, 1124 m. Von Klosters-Platz mit Ortsbus oder PKW nach Klosters-Dorf. Weiter zu den großen Parkplätzen der Madrisabahn. Mit der Gondelbahn zur Bergstation, 1884 m. Hierher zu Fuß 2 Std.

Höhenunterschied: 600 m im Aufstieg, 1100 m im Abstieg.
Anforderungen: Teils bequeme Fahrwege, teils Bergwege. Querung steiler Flanken. Trittsicherheit erforderlich.
Einkehr: Gasthöfe Gemsli und Erika in Schlappin.

Von **Klosters-Dorf** mit der Madrisabahn zur Bergstation **Saaser Alp (1)**. Kurz zum Höhenweg (Hinweisschild) aufsteigen. Bei einer **Wegverzweigung (2)**, 2066 m, hält man sich links. Durchwegs mit herrlicher Aussicht steigt man durch das Alpgelände zum **Schaffürggli (3)**, 2380 m, auf. Hier öffnet sich der Blick nach Osten und damit in die Silvretta. In einer langen Hangquerung geht es nun zum Schwarzbach, 2115 m, und weiter in das Tal, das vom Joch herabzieht. Zuletzt kurz zum **Schlappiner Joch (4)** hinauf.

Der Abstieg führt ziemlich direkt hinunter nach **Schlappin (5)**. Weiter über die **Staumauer (6)** zur linken Talseite und weitgehend auf einem Fußweg in einigem Auf und Ab zur Talstation in Klosters-Dorf; hierher auch (weniger reizvoll) auf einem Fahrsträßchen.

Blick vom Joch auf Schlappin und den Schlappiner See.

7 Von der Saaser Alp nach Schlappin

3.15 Std.

Ein kurzer und leichter Abschnitt des Prättigauer Höhenweges

Der »Prättigauer Höhenweg« verfolgt die Wanderer gewissermaßen: Immer wieder stoßen wir auf die Beschilderung. Dieser Abschnitt des Höhenweges ist kurz und leicht. Da wir vorwiegend im Abstieg wandern, ist er auch nicht besonders anstrengend. Die Einkehrmöglichkeiten in Schlappin – in den Gasthöfen Erika und Gemsli – tragen weiter zur Bequemlichkeit bei und erhöhen die Kinderfreundlichkeit, zumal es auch nicht an wunderschönen natürlichen Spielplätzen mangelt. Nicht zu vergessen schließlich, dass zahlreiche Rastbänke neben dem Weg zu einer kleinen Zwischenrast einladen – mit herrlicher Aussicht auf verschiedene Gebirgsgruppen.

Talort: Klosters-Platz, 1191 m.
Ausgangspunkt: Talstation der Madrisabahn, 1124 m. Von Klosters-Platz mit Ortsbus oder PKW nach Klosters-Dorf. Weiter zu den großen Parkplätzen der Madrisabahn. Mit der Gondelbahn zur Bergstation, 1884 m. Hierher zu Fuß 2 Std.

Höhenunterschied: 190 m im Aufstieg, 950 m im Abstieg.
Anforderungen: Unschwierige, ungefährliche Wanderung. Beim Abstieg ins Schlappintal ist etwas Trittsicherheit nötig.
Einkehr: Berghäuser Gemsli und Edelweiß in Schlappin.

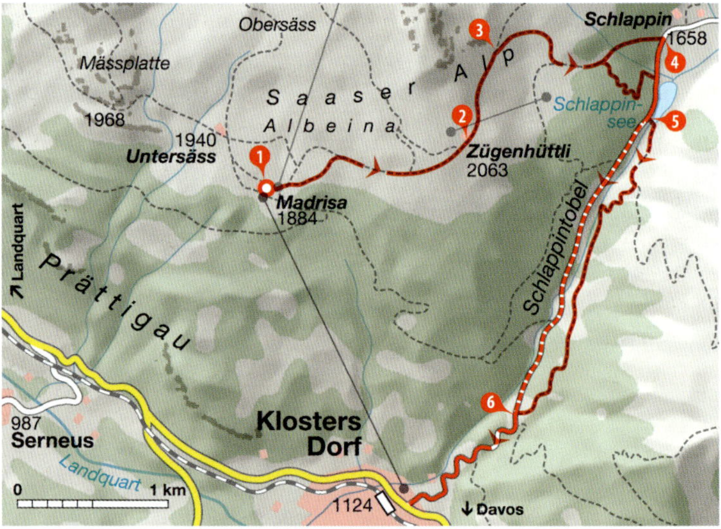

Auf dem Prättigauer Höhenweg laden Bänke zum Rasten und Schauen ein.

Von der Talstation mit der Madrisabahn zur **Saaser Alp (1)**. Auf einem Weg-lein (Hinweisschild) kurz zu einem bequemen und breiten Weg. Er führt ohne anstrengende Steilstufen gemütlich zum **Zügenhüttli (2)**, 2063 m, ei-nem schönen Aussichtspunkt, mit eindrucksvollem Blick auf Klosters und die Bergumrahmung unseres Talorts.

Über die Ostflanke steigen wir bei einer **Wegverzweigung (3)** rechts über den einzigen etwas steileren Wegteil Richtung **Schlappin (4)** ab. Dabei gibt es weiter unten zwei Möglichkeiten: Wer die beiden Gasthäuser kennen-lernen möchte, wählt den (etwas längeren) linken Weg ins Tal, sonst kann man auch über den rechten absteigen. Bei der **Staumauer (5)** muss man sich neulich entscheiden: weiter auf der rechten Seite des Schlappinba-ches (Fahrweg, etwas kürzer) oder auf der linken Seite (Fußweg, kleiner Ge-genanstieg am Beginn, schöner, aber länger). Die Wege vereinigen sich im letzten Teil **(6)**, auch die »Linken« müssen hier nach rechts wechseln und auf ei-nem Fahrsträßchen nach Klosters-Dorf bzw. zur Tal-station wandern.

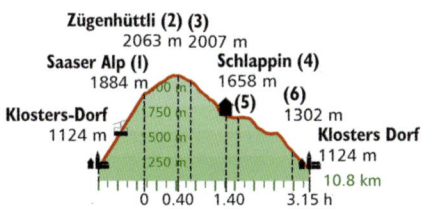

43

Panoramaweg vom Gotschnagrat zum Strelapass

Diese Höhenwanderung ist nicht anstrengend. Es gibt zahlreiche kleine Auf- und Abstiege, jedoch keinen wirklich schweißtreibenden Wegteil. Großartig sind die Ausblicke vom Weg, der den Namen »Panoramaweg« wahrlich verdient. Man kann ihn bereits bei der Station Höhenweg der Parsennbahn beenden. Wenn man hier im Restaurant (schöne Aussichtsterrasse) einkehrt und dann mit der traditionsreichen Standseilbahn nach Davos fährt, ist die Wanderung selbst für Kinder gut geeignet. Dann entfällt auch der etwas heiklere Teil, die Wanderung rund um das Schiahorn zum Strelapass. Der Weg ist zwar auch hier bequem, aber er quert steile Flanken, wobei man – vor allem an Wochenenden – auch noch Bergradlern begegnen kann, die nach unseren Erfahrungen diszipliniert und rücksichtsvoll sind – Vorsicht ist dennoch geboten. Übrigens ist die Tour ganz schön lang, auch wegen der vielen kleinen Höhenverluste und Gegensteigungen. Wer aber über eine gute Kondition verfügt, kann zusätzlich einen durch seine Lawinenverbauungen auffälligen, weithin sichtbaren Gipfel besteigen: das Schiahorn.

Talort: Klosters-Platz, 1191 m.

Ausgangspunkt: Talstation Gotschnabahn, 1191 m. Von Klosters-Platz mit den riesigen Gondeln der Luftseilbahn in zwei Teilstrecken zur Bergstation Gotschnagrat, 2281 m.

Höhenunterschied: 150 m im Aufstieg, 500 m im Abstieg. Zahlreiche kleine Höhenverluste und (nicht besonders steile) Gegenanstiege.

Anforderungen: Unschwierige Bergwanderung auf gut markierten und ge- pflegten Wegen. Etwas heikler ist der zweite Teil von der Station Höhenweg der Parsennbahn zum Strelapass. Kurzzeitig Steinschlaggefahr beim Queren der Schiahorn-Südflanke. Trotz des bequemen Weges auf gute Schuhe achten!

Einkehr: Parsennhütte, Restaurant Strelapass, Strela Alp, Schatzalp.

Varianten: a) Abstieg zur Parsennbahn. 2 Std. kürzer. b) ROT Schiahorn, 2709 m. Kurz vor dem Strelapass auf markiertem Weglein steil zum Gipfel. Aufstieg 1 Std.

Vorgeschobener Aussichtsplatz neben dem Höhenweg. Blickfang ist der Piz Ela.

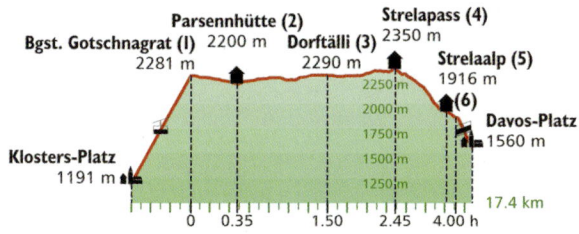

Blick hinab vom Höhenweg auf den Davoser See. Links Ortsteil Höhwald, rechts Davos-Dorf. In Bildmitte über dem See das Seehorn.

Von der Talstation mit der Kabinenbahn zum **Gotschnagrat** (**1**, »cotschen« = rot, Hinweis auf rötliches Gestein). Mit prächtigem Blick in die Silvretta und den nördlichen Teil der Albulaalpen zur großen **Parsennhütte (2)**, 2200 m. Von hier könnte man zum Weissfluhjoch (mit dem bekannten Eidgenössi-

Auf dem Höhenweg Parsenn. Blick über das Dischmatal zur Grialetschgruppe.

schen Institut für Schnee-und Lawinenforschung) und weiter zur Weissfluh aufsteigen. Unsere »Hauptroute« führt jedoch um den Gratrücken des Totalphorns ins Meierhofer Tälli und weiter, um das Salezer Horn, 2536 m, herum ins **Dorftälli (3**, Abzweigung zur Parsennbahn). Das Salezer Horn ist die am weitesten vorgeschobene Erhebung des Mittelgrats, der vom Weissfluhjoch herabzieht. Der Weg führt im zweiten Teil oberhalb der Station Höhenweg an der Parsennbahn vorbei durch die steile Flanke des Schiahorns zum **Strelapass (4)**, 2350 m. Vom Strelapass wandert man durch Alpwiesen über die **Strela Alp (5)** zur **Schatzalp (6)**, einem traditionsreichen Jugendstilhotel mit Alpinum und Sommer-Schlittelbahn.
Von der Schatzalp fahren wir mit der Standseilbahn nach Davos-Platz. Von der Talstation geht es mit dem Ortsbus (oder zu Fuß in 10 Min.) zur Station Davos-Platz der Rhätischen Bahn und zurück nach Klosters.

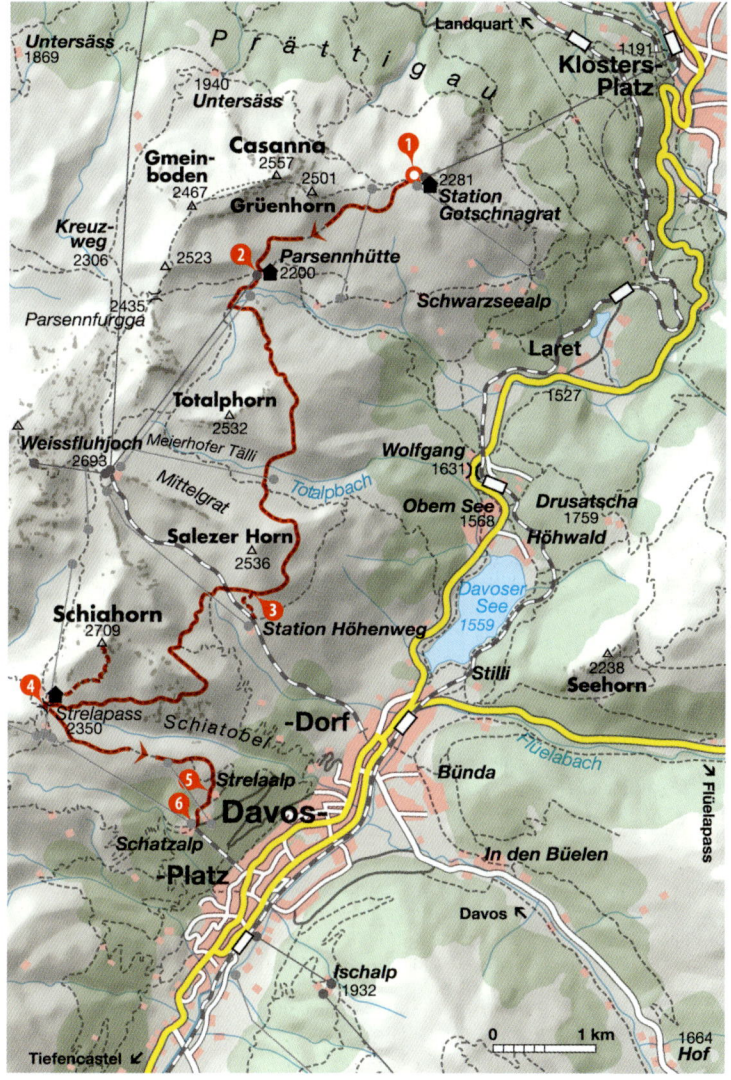

Landquart ↖

Klosters-Platz
1191

Untersäss
1869

P r ä t t i g a u

1940
Untersäss

Gmein-boden
2467

Casanna
2557

2501

Grüenhorn

① 2281
Station Gotschnagrat

Kreuz-weg
2306

2523

② **Parsennhütte**
2200

Schwarzseealp

2435
Parsennfurgga

Laret
1527

Totalphorn
2532

Meierhofer Tälli

Weissfluhjoch
2693

Mittelgrat

Totalpbach

Wolfgang
1631

Obem See
1568

Drusatscha
1759

Höhwald

Salezer Horn
2536

Davoser See
1559

Schiahorn
2709

③ *Station Höhenweg*

④
Strelapass
2350

Schiatobel

Stilli

2238
Seehorn

-Dorf

Flüelabach

Bünda

↗ **Flüelapass**

⑤ **Strelaalp**

⑥ **Davos**

In den Büelen

Schatzalp

-Platz

Davos ↖

Ischalp
1932

0   1 km

Tiefencastel ↙

1664
Hof

9 | *Casanna, 2557 m*

Anspruchsvolles Ziel mit berühmtem Rätikonblick

Trotz der geringen Gipfelhöhe ist die Casanna als dunkles Felsriff weithin zu sehen. Das bedeutet zugleich: Uns erwartet eine prachtvolle Aussicht. Besonders eindrucksvoll ist der Blick auf die Klettergipfel des Rätikon mit ihren mächtigen Südwänden.

Talort: Klosters-Platz, 1191 m.
Ausgangspunkt: Talstation Gotschnabahn, 1191 m. Von Klosters-Platz mit den riesigen Gondeln der Luftseilbahn in zwei Teilstrecken zur Bergstation Gotschnagrat, 2281 m.
Höhenunterschied: 370 m im Aufstieg, 1460 m im Abstieg.
Anforderungen: Aufstieg zum Grüenhorn etwas steil, bis zur Furgga schmales Weglein. Zur Casanna sind Trittsicherheit, Schwindelfreiheit und etwas Klettererfahrung erforderlich. Sehr heikel bei Nässe! Abstieg von der Parsennfurgga nach Klosters großteils Alpwege mit geringem Gefälle über Alpböden und durch Wald.
Einkehr: Parsennhütte, 2200 m (an der Variante).
Variante: ROT Abstieg über die Parsennfurgga zur Parsennhütte. Rückkehr über den Höhenweg zur Bergstation. 1.15 Std.

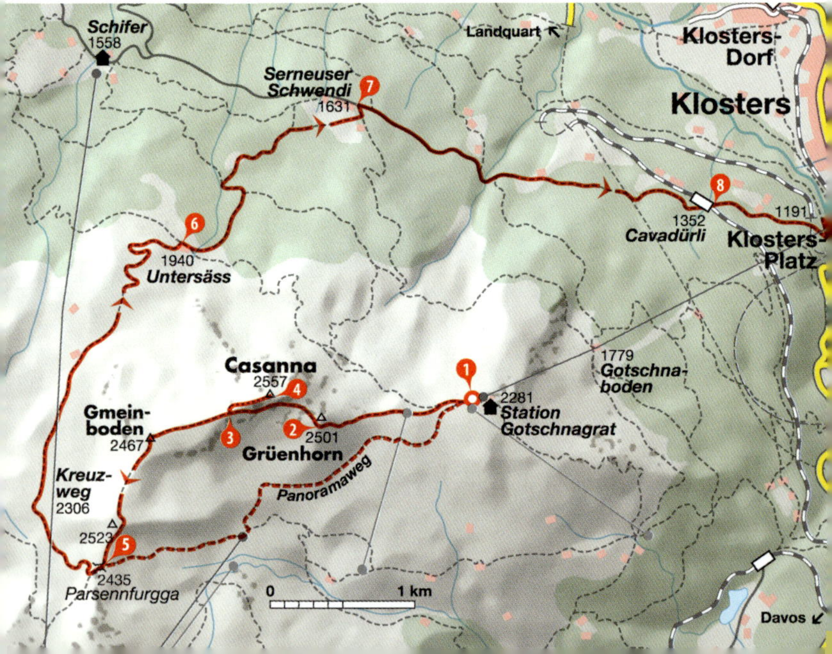

Von **Klosters-Platz** mit der Kabinenbahn zur Bergstation **Gotschnagrat (1)**. Auf einem Weglein in vielen Kehren zum **Grüenhorn (2)**, 2501 m, das der Casanna vorgelagert ist; Stichweg zum Gipfel. Zurück zum Weg. Vorbei an einem auffälligen Felsturm durch die Südflanke (Seilsicherungen). Von hier über steile, felsdurchsetzte Grashänge südlich der Casanna in einigem Auf und Ab zu einem **Gratrücken (3)**. Wer es sich zutrauen darf, zweigt scharf nach rechts ab und erreicht weglos, teilweise in leichter Kletterei, über den Grat den Gipfel der **Casanna (4)**.

Im Abstieg kehren wir zunächst in die Einsattelung zurück und steigen dann zu einem Zwischengipfel, 2523 m, auf und in die **Parsennfurgga (5)**, 2435 m, ab. Man geht zum »Kreuzweg« hinunter und weiter zum **Untersäss (6)**. Den Wegtafeln folgend zur **Serneuser Schwendi (7)**,

Blick zur Schesaplana im Rätikon beim Anstieg zur Casanna.

1631 m. Auf einem Fahrweg zum Drostobel, das man durchquert, dann wandert man weiter zur Haltestelle **Cavadürli (8)** der Rhätischen Bahn. Durch den Wald und über Lichtungen geht es bequem (im Winter leichte Skiabfahrt) talab. Man erreicht die Brücke über die Landquart und steht unmittelbar danach bei der Talstation der Gotschnabahn.

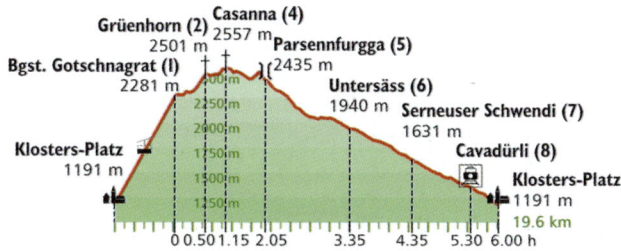

Über einen berühmten Aussichtsberg in den Talboden der Landquart

Hinter der unauffälligen Tourenüberschrift verbirgt sich eine der schönsten Wanderungen im Prättigau: die Überschreitung des Chrüz (»Kreuz«) aus dem Hochtal von St. Antönien mit Abstieg nach Küblis. Das Chrüz, durch die vorgeschobene Lage ein herrlicher Aussichtsgipfel, wird nicht zu Unrecht als »Rigi des Prättigaus« bezeichnet. Wenn man mit dem PKW nach Aschüel fährt (Parkplatz 21) und über Bova zurückkehrt, eignet sich das Chrüz auch für gehtüchtige Kinder, betreut von bergerfahrenen Eltern.

Ausgangspunkt: St. Antönien-Platz, 1420 m. Auf gut ausgebauter Bergstraße nach St. Antönien. Bushaltestelle. Parkplatz gegenüber der Kirche (gebührenpflichtig).
Höhenunterschied: 780 m im Aufstieg, 1370 m im Abstieg. Kleine Gegensteigungen bzw. Höhenverluste.
Anforderungen: Fahr- und Bergwege.

Beim Abstieg sind auf dem schmalen Grat Trittsicherheit und Schwindelfreiheit erforderlich. Unangenehm bei Nässe.
Einkehr: In Pany oder Luzein auf dem Abstieg nach Küblis.
Variante: ROT Rückkehr nach Aschüel. In Bova nach links und zurück nach Aschüel. 2.30 Std.

Vom Posthalt in **St. Antönien (1)** kurz auf einem Fahrsträßchen Richtung Aschüel. Auf halbem Weg nach links, am Michelshof (Gasthaus) vorbei aufsteigen. Kurz noch einmal auf dem Sträßchen in den Weiler **(2)**. Nach links

Eindrucksvolle Gipfel sind auf unserer Wanderung zu sehen, hier die Drusenfluh.

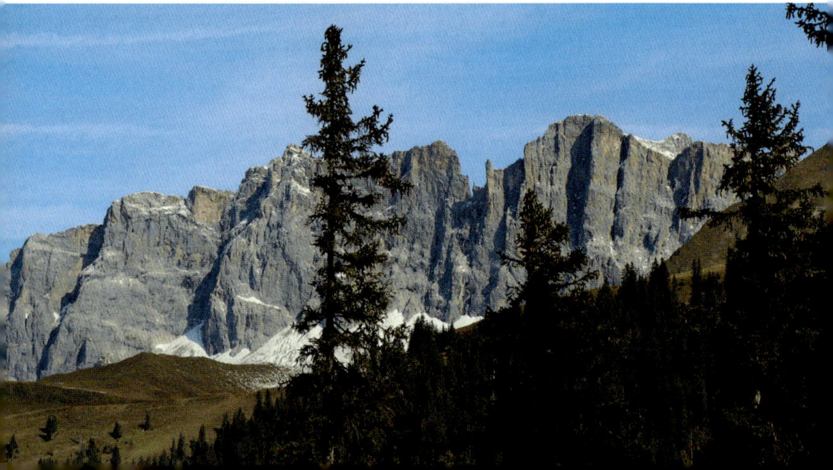

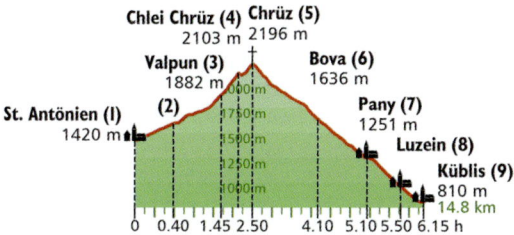

und auf einem Wiesenweglein in den Wald. Kurzzeitig etwas steil, dann fast eben durch Wiesen. Nach längeren Regenfällen bewahren auch feste Schuhe und aufgelegte Baumstämme und Bretter nicht immer vor nassen Füßen.

Wir erreichen die Waldgrenze und steigen über Alpwiesen zur **Alp Valpun (3)**, 1882 m, auf. Der Gipfel liegt nahe vor uns. Etwas links haltend folgen wir den Markierungen zum Rücken, der über das **Chlei Chrüz (4)**, 2103 m, das »Kleine Kreuz«, zum **Gipfel (5)** führt.

Der Abstieg leitet steil über den am Anfang schmalen Südrücken in eine Einsattelung. Die Schwierigkeiten sind damit zu Ende. Auf schönen Wiesenwegen hinunter zur Alpsiedlung **Bova (6)** und weiter, zuletzt auf einem Fahrsträßchen, nach **Pany (7)**, 1251 m. Ein Wanderweg führt ziemlich direkt nach **Luzein (8)** und weiter nach **Küblis (9)**. Müde Wanderer können ab Pany das Postauto benützen.

Leicht erkennbar an den Lawinenverbauungen

Das Chüenihorn ist ein auffälliger Gipfel. Lawinen, die vom Chüenihorn Jahr für Jahr herabdonnerten, haben viel Schaden angerichtet und viel Leid gebracht. Weithin zu sehen sind heute die Lawinenverbauungen, die den Ort St. Antönien absichern. Nahe, aber doch ein wenig abgesetzt von den herrlichen Klettergipfeln des Rätikon, ist das Chüenihorn ein wahrer Logenplatz, z. B. für Sulzfluh oder Drusenfluh. Natürlich kann man auf dem Anstiegswege nach St. Antönien zurückkehren. Für gehtüchtige Bergwanderer empfehlen wir jedoch den lohnenden Umweg über den Carschinasee (Ruderboot!) und die Carschinahütte.

Talort/Ausgangspunkt: St. Antönien-Platz, 1420 m. Auf gut ausgebauter Bergstraße nach St. Antönien. Bushaltestelle. Parkplatz gegenüber der Kirche (gebührenpflichtig).
Höhenunterschied: 1050 m, dazu kleine Höhenverluste bzw. Gegenanstiege.

Anforderungen: Teilweise Fahrsträßchen, teilweise schmaler und steiler Bergweg. Trittsicherheit ist erforderlich.
Einkehr: Carschinahütte SAC, 2221 m, bewirtschaftet von Mitte Juni bis Mitte Oktober, 85 Schlafplätze, Tel. +41/79/4297616.

Ein Ruderboot steht Bergwanderern zur Verfügung. Darüber das Chüenihorn.

Vom Posthalt in **St. Antönien (1)** wandert man kurz Richtung Partnun, hält sich im Ortsteil Meierhof links und erreicht auf einem Fahrsträßchen eine Wegverzweigung. Hier biegt man scharf nach rechts ab und wandert auf einem Steig durch Wiesen und Wald, bis man schließlich auf die asphaltierte Fahrstraße trifft. Auf diesem Sträßchen steigt man in einigen großen Kehren zu den Hütten von **Bärgli (2)** auf. Hier zweigt der Weg zum Chüenihorn ab. In ansteigender Querung geht es durch die Lawinenverbauungen, dann über den Südrücken problemlos zum **Gipfel (3)**.

Der Abstieg führt zunächst auf dem Anstiegsweg zum **Bärgli (2)** hinab. Nun nach links und nach einer Gegensteigung in ein Becken, in das der **Carschinasee (4)** eingelagert ist. Weiter quert man durch flaches, etwas bewegtes Gelände unter der Ostflanke des Schafberges. Man erreicht die Abzweigung zur Carschinafurgga und kurz darauf die **Carschinahütte (5)**. Der Abstieg führt zunächst sanft zum **Mittelsäss (6)**, 1942 m, dann auf einem Alpsträßchen zum **Untersäss (7)** hinunter. Vom Untersäss wandert man zunächst auf einem Fußweg am rechten Ufer des Baches talaus und wechselt dann das Ufer **(8)**. Erst im letzten Teil des Abstiegs muss man das Fahrsträßchen von Partnun nach St. Antönien benützen und kehrt auf ihm zum **Ausgangspunkt (1)** zurück.

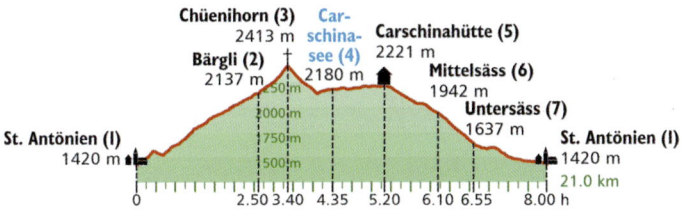

Höhenwanderung über drei Pässe

Die Umrundung der Schijenflue gehört zu den schönsten Bergwanderungen, die in diesem Buch beschrieben werden. Im Gegensatz zur benachbarten Sulzfluh herrscht auf den eigenartigen Kalkhochflächen, die man auf dieser Wanderung überschreitet, deutlich weniger Andrang. Allerdings wird man an schönen Tagen nicht über allzu große Einsamkeit klagen können. In Verbindung mit einer Nächtigung in der Tilisunahütte auf österreichischer Seite ist diese Rundwanderung auch für Kindern geeignet, entsprechende Bergerfahrung der Eltern vorausgesetzt. Ausweis nicht vergessen!

Talort: St. Antönien-Platz, 1420 m.

Ausgangspunkt: Parkplatz 6. Auf gut ausgebauter Bergstraße mit PKW oder Bus nach St. Antönien. Bushaltestelle. Parkplatz gegenüber der Kirche (gebührenpflichtig). Mit PKW auf schmalem Fahrsträßchen zum Parkplatz 6 (gebührenpflichtig, letzter »normaler« Parkplatz).

Höhenunterschied: 720 m. Zusätzlich kleine Höhenverluste bzw. Gegensteigungen.

Anforderungen: Zum Teil schmale und raue Wege. Trittsicherheit erforderlich. Vorsicht bei schlechter Sicht!

Einkehr: Tilisunahütte ÖAV, 2208 m, bewirtschaftet Mitte Juni – Mitte Oktober, 140 Schlafplätze, Tel. +43/664/1107969. Am Ende der Rundwanderung im Berghaus »Alpenrösli« (Partnun) oder »Sulzfluh« (Partnunstafel).

Vom **Parkplatz 6 (1)** erst auf Fahr-, dann auf **Fußweg (2)** nach **Partnunstafel (3)**. Am Berghaus Sulzfluh vorbei, queren wir oberhalb des Tällibaches auf einem Wirtschaftsweg in den Talboden. Auf dem Rätikon Höhenweg Süd weiter, zu-

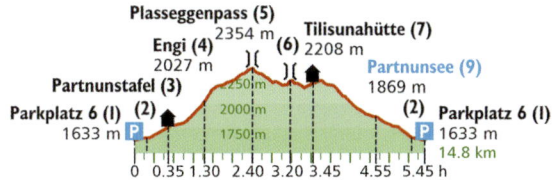

Seelein auf dem Weg zum Gruobenpass. Hinten lugt das Schwarzhorn hervor.

letzt steil hinauf zur **Engi (4)**, Weggabelung. Links haltend zu einem welligen Hochplateau und über dieses zum **Plasseggenpass (5)** und damit auf österreichisches Staatsgebiet. Am Zollwachehaus und an mehreren Seen vorbei durch eine eigenartige Karstlandschaft kommt man – kurz und steil – zum **Gruobenpass (6)**. Wir halten uns rechts, erreichen nach kurzem Abstieg ein Seelein und nach einem ebenso kurzen Aufstieg die **Tilisunahütte (7)** oberhalb des gleichnamigen Sees. Richtung Süd zum **Tilisunafürggli (8)** in einer Kalklandschaft mit Dolinen und weißen glatten Kalkplatten.

Zurück in der Schweiz durchwandert man die Gruoben, einen eindrucksvollen Kessel, quert oberhalb der Felsabbrüche nach rechts und steigt über grasige Südhänge zum **Partnunsee (9)** ab. Man folgt dem Abfluss des Sees und erreicht kurze Zeit später das »Alpenrösli«. Nach der langen Wanderung hat man sich eine Einkehr verdient, nach der man – weiterhin neben dem Bach – zum **Parkplatz 6 (1)** absteigt.

Ein prachtvoller Kalkgipfel für erfahrene Bergwanderer!

Der Aufstieg ist für Geübte nicht besonders schwierig. Deshalb muss man an schönen Bergtagen mit großem Andrang rechnen, zumal der Grenzgipfel auch von Österreich aus erstiegen wird – nämlich von der Tilisunahütte, die wir beim Abstieg besuchen können. Seit 2006 trägt auch ein Klettersteig zur Beliebtheit des Gipfels bei.

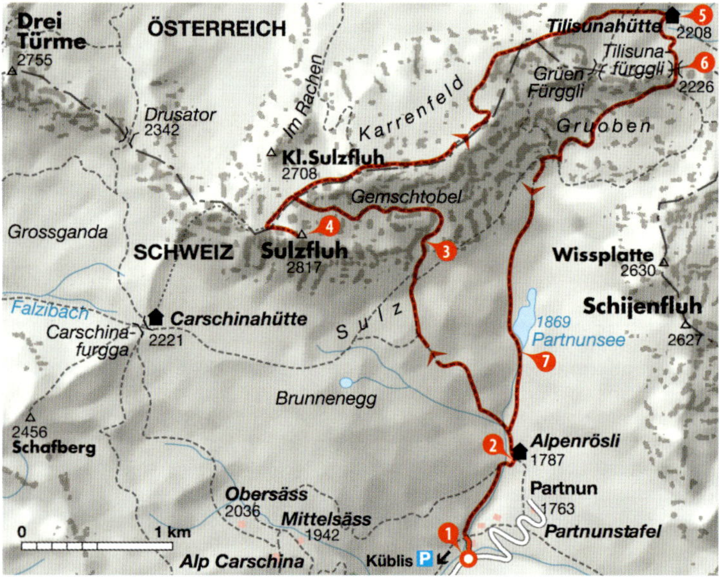

Talort: St. Antönien-Platz, 1420 m.
Ausgangspunkt: Parkplatz 6. Auf gut ausgebauter Bergstraße mit PKW oder Bus nach St. Antönien. Bushaltestelle. Parkplatz gegenüber der Kirche (gebührenpflichtig). Mit PKW auf schmalem Fahrsträßchen zum Parkplatz 6 (gebührenpflichtig, letzter »normaler« Parkplatz).
Höhenunterschied: 1200 m.

Anforderungen: Anstrengende Bergwanderung. Kurzzeitig leichte Kletterei. Bergerfahrung, Trittsicherheit und Schwindelfreiheit, bei schlechter Sicht Aufmerksamkeit nach der Schlüsselstelle und beim Abstieg über das Karrenfeld erforderlich.
Einkehr: Tilisunahütte, Gasthaus Alpenrösli.

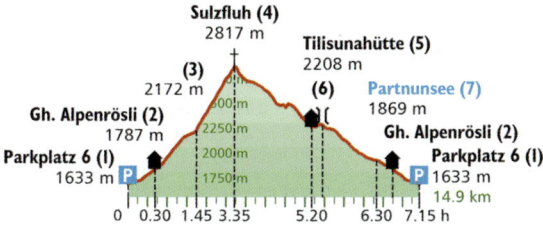

Sulzfluh (4)
2817 m

Tilisunahütte (5)
2208 m

(3)
2172 m

(6)

Partnunsee (7)
1869 m

Gh. Alpenrösli (2)
1787 m

Gh. Alpenrösli (2)
1633 m

Parkplatz 6 (1)
1633 m

Parkplatz 6 (1)
1633 m

14.9 km

2500 m
2250 m
2000 m
1750 m

0   0.30 1.45 3.35   5.20   6.30 7.15 h

Vom **Parkplatz 6 (1)** auf einem Fußweg zum **Gasthaus Alpenrösli (2)** in Partnun. Weiter mit gutem Höhengewinn in die »Sulz«. Schließlich führt das Weglein schräg aufwärts auf die Felsabbrüche unterhalb des **Gemschtobels (3)** zu. Diese Felsabbrüche sind die Schlüsselstelle des Aufstiegs.

Wir erreichen so das riesige Kar des Gemschtobels. Durch Geröll und über Schrofen zum breiten Gratrücken und weiter zum Gipfelkreuz der **Sulzfluh (4)**.

Der Abstieg folgt kurz dem Anstieg, führt dann aber geradeaus weiter über das eigenartige Karrenfeld, bis man zur **Tilisunahütte (5)**, 2208 m, absteigt. Von hier geht es fast eben zum **Tilisunafürggli (6)**, 2226 m, und durch die Gruoben zum malerischen **Partnunsee (7)**, 1869 m. Dem Abfluss des Sees nach zum **Gasthaus Alpenrösli (2)** und weiter zum **Parkplatz 6 (1)**.

Gipfelkreuz auf der Sulzfluh.

Drei Schutzhütten und drei Pässe – ein ausgefüllter Tag!

Unsere großzügige Umrundung führt zwar auf keinen Gipfel, weist aber dennoch mehrere Anstiege auf und ist anstrengender als die Ersteigung der Sulzfluh. Ihre Besonderheit sind die vielfältigen, rasch wechselnden Landschaftseindrücke. Jeder der Pässe eröffnet überraschende neue Ein- und Ausblicke. Eine Bergwanderung für ausdauernde Bergwanderer oder – nach Nächtigung in einer der Hütten – für Genießer. Ausweis nicht vergessen!

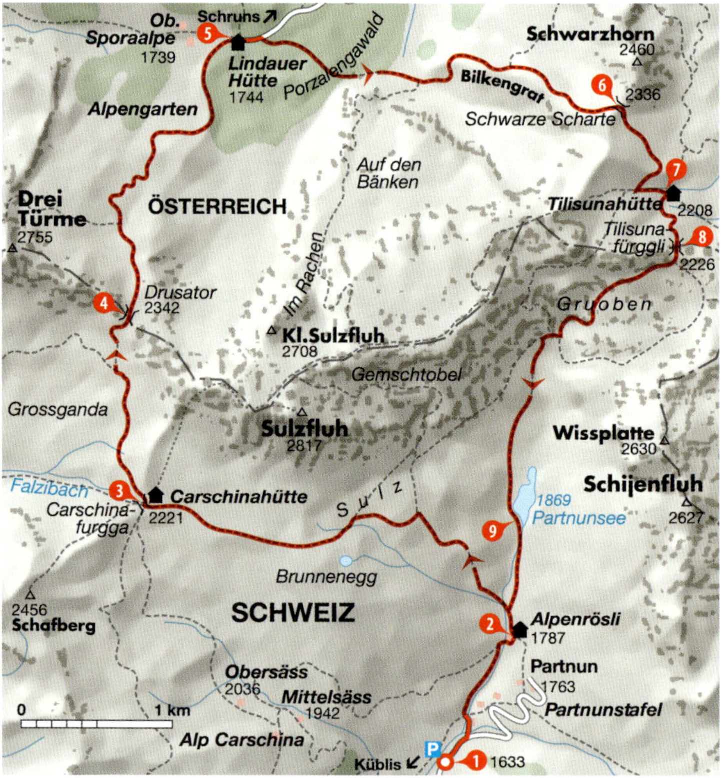

![Karte der Rundwanderung um die Sulzfluh mit eingezeichneter Route und Wegpunkten](map)

Ob. Sporaalpe 1739 · Schruns ↗ · Lindauer Hütte 1744 · Porzalengawald · Schwarzhorn 2460 · Bilkengrat · Schwarze Scharte · 2336 · Alpengarten · Auf den Bänken · ÖSTERREICH · Tilisunahütte 2208 · Tilisunafürggli 2226 · Drei Türme 2755 · Drusator 2342 · In Rachen · Kl. Sulzfluh 2708 · Gruoben · Gemschtobel · Grossganda · Sulzfluh 2817 · Wissplatte 2630 · Schijenfluh 2627 · Falzibach · Carschinahütte 2221 · Carschinafurgga · Sulz · 1869 Partnunsee · Brunnenegg · SCHWEIZ · Schafberg 2456 · Alpenrösli 1787 · Partnun 1763 · Obersäss 2036 · Mittelsäss 1942 · Partnunstafel · Alp Carschina · Küblis ↙ · 1633

0 1 km

Talort: St. Antönien-Platz, 1420 m.
Ausgangspunkt: Parkplatz 6. Auf gut ausgebauter Bergstraße mit PKW oder Bus nach St. Antönien. Bushaltestelle. Parkplatz gegenüber der Kirche (gebührenpflichtig). Mit PKW auf schmalem Fahrsträßchen zum Parkplatz 6 (gebührenpflichtig, letzter »normaler« Parkplatz).
Höhenunterschied: 1400 m. Zusätzlich kleine Höhenverluste bzw. Gegensteigungen.
Anforderungen: Trittsicherheit, Schwindelfreiheit und (wenn als Tagestour) ausgezeichnete Kondition erforderlich.
Einkehr: Carschinahütte SAC, 2221 m. Bewartet Mitte Juni – Mitte Oktober, 85 Schlafplätze, Tel. +41/79/4297616. – Lindauer Hütte DAV, 1744 m, bewirtschaftet Anfang Juni – Mitte Oktober, 160 Schlafplätze, Tel. +43/664/5033456. – Tilisunahütte ÖAV, 2208 m (Angabe Sektion Vorarlberg: 2211 m), bewirtschaftet Mitte Juni – Mitte Oktober, 140 Schlafplätze, Tel. +43/664/1107969.

Die Sulzfluh von Süden.

Vom **Parkplatz 6 (1)** zum **Gasthof Alpenrösli (2)** und weiter, eventuell mit einem kurzen Abstecher zur Carschinahütte (etwas höher auf einer Kuppe), in die **Carschinafurgga (3)**. Nun quert man das weite Becken von Großganda, zweigt nach rechts ab und steigt zum **Drusator (4)** auf. Großartige bizarre Felslandschaft! Beim Drusator überschreitet man die Grenze nach Österreich und steigt auf gutem Weg zur **Lindauer Hütte (5)** ab. Richtung Ost durch den Porzalengawald ab-, dann nach links zum begrünten Rücken des Bilkengrats aufsteigen. Steil in vielen Kehren in die **Schwarze Scharte (6)**. Um einen Gratrücken herum und in kurzem Abstieg zur **Tilisunahütte (7)**. Den Markierungen folgen wir zum **Tilisunafürggli (8)** und steigen (nun wieder in der Schweiz) durch die Gruoben ab. Am **Partnunsee (9)** vorbei, kehren wir über das **Gasthaus Alpenrösli (2)** zum Ausgangspunkt zurück.

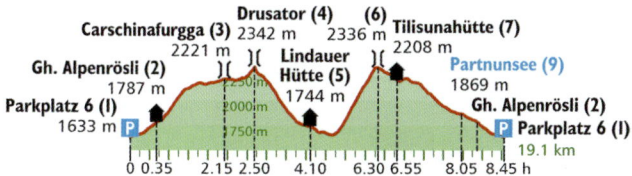

Von Pany zum Stelsersee

Eine abwechslungsreiche Wanderung für Naturliebhaber. Zur »richtigen Zeit« (April und Mai sind besonders empfehlenswert) überrascht und beeindruckt die überquellende Blütenpracht, und zwar keineswegs nur im Naturschutzgebiet. Vom Tal aus ist die Wanderung anstrengend. Sie lässt sich aber gut abkürzen: am Anfang durch das Postauto von Küblis nach Pany, am Ende durch das Postauto von Mottis nach Schiers. Nützt man beide Möglichkeiten, wie hier beschrieben, ist die Wanderung auch für Kinder geeignet.

Talort/Ausgangspunkt: Pany, 1251 m. Von der Station Küblis mit dem Postauto nach Pany. Wer mit dem PKW unterwegs ist, parkt wegen der Rückkehr von Stels besser in Küblis oder Schiers.
Höhenunterschied: 450 m im Aufstieg, 220 m im Abstieg; zusätzlich kleine Höhenverluste und Gegensteigungen.

Anforderungen: Unschwierige Bergwanderung, größtenteils auf bequemen, mitunter etwas sumpfigen Wegen. Gutes Schuhwerk ist zweckmäßig!
Einkehr: Berggasthaus Mottis auf dem Stelserberg. Berggasthaus zum See etwas oberhalb des Stelsersees.
Variante: Fahrstraße am Beginn der Wanderung. Empfehlenswert bei Nässe.

Von Küblis mit dem Postauto oder auf dem Fußweg, der die Kehren der Fahrstraße abschneidet, nach **Pany (1)**, 1251 m. Auf steilem Fahrweg durch den Ort, kurz auf einer Fahrstraße, dann nach rechts zur Talstation eines **Skilifts (2)** abzweigen. Nach rechts abbiegen und auf einem Fußweg in der Nähe des Baches über feuchte Wiesen (im Frühjahr viele Blumen). Man stößt wieder auf den **Fahrweg (3)** und wandert zu den Almhütten von **Tratza (4)**. Weiter auf einem Fahr-, dann Fußweg zum **Schaftobel (5)**. Mit etwas Höhenverlust quert man durch den **Scurzwald (6)** und steigt dann zum Stelserberg auf. In die Hochfläche eingebettet ist der **Stelsersee (7)**, ein Naturschutzgebiet. Der Besuch des Sees er-

Blick zur Chlus, der engen Schlucht vor Landquart.

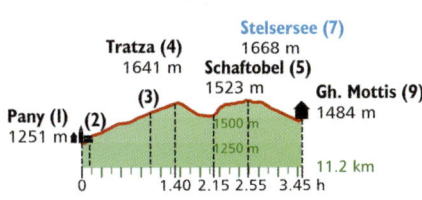

fordert einen kleinen Umweg (wenige Minuten), der jedoch lohnt. Ist man zur richtigen Zeit unterwegs, sieht man verschiedene seltene Blumen im Hochmoor und Weiße Seerosen im See selbst; schöner Ausblick von der vorgeschobenen Kuppe, vor allem auf die schroffen Berge des Rätikon mit der nahen Sulzfluh.

Der Abstieg führt über Wiesen- und Wirtschaftswege zur **Haltestelle (8)** des Postautos und in wenigen Minuten zum **Gasthof Mottis (9)**. Wir fahren mit dem Postauto auf einer kurvenreichen Bergstraße nach Schiers und mit der Rhätischen Bahn zurück nach Küblis.

16 *Durannapass, 2121 m*

6.30 Std.

Aus dem Prättigau ins Schanfigg

Der Übergang aus dem Prättigau ins Schanfigg ist eine der großen »klassischen« Bergwanderungen in unserem Wandergebiet. Für diesen Übergang gibt es auch andere Möglichkeiten, die allerdings noch länger sind als unsere ohnehin nicht gerade kurze Wanderung, z. B. von Fideris über die Heuberge und das Strassberger Fürggli ins Schanfigg, von Jenaz über die Glattwangkette und die Arflinafurgga oder gar von Furna bzw. Hinterberg über den Hochwang und den Ratoser Stein. Unsere Wanderung ist – sicherlich nicht zufällig – die beliebteste dieser Durchquerungen. Sie führt von Conters über den Durannapass nach Langwies. Natürlich ist sie mit mehr als 6 Gehstunden immer noch anstrengend. Sie wird aber durch mehrere Berggasthöfe, die zum Teil auch Nächtigungsmöglichkeit anbieten, »entschärft«. Die Rückkehr aus dem Schanfigg ins Prättigau ist – wie zumeist nach Wanderungen in unserem Tourengebiet – denkbar einfach: Die roten Züge der Rhätischen Bahn führen uns bequem ins Prättigau zurück.

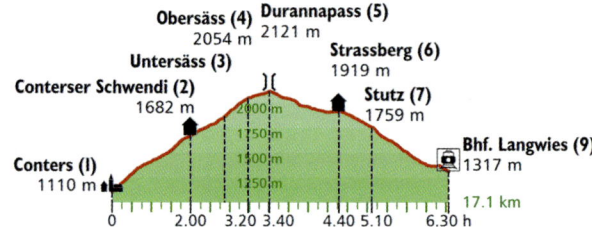

Talort/Ausgangspunkt: Conters, 1110 m. Hierher von Küblis (Bahnstation) mit dem PKW oder (für die Tourengestaltung günstiger) mit dem Postauto.
Höhenunterschied: 1010 m im Aufstieg, 800 m im Abstieg. Zusätzlich kommen kleine Höhenverluste und Gegenanstiege dazu.
Anforderungen: Fußwege, über längere Strecken jedoch auch (nicht-öffentliche) Fahrsträßchen. Die Fußwege sind meist bequem, teilweise aber auch etwas rau. Keine eigentlichen alpinen Schwierigkeiten, festes Schuhwerk dennoch zweckmäßig. Dazu sind etwas Trittsicherheit und ein gewisses Maß an Ausdauer erforderlich.
Einkehr: Conterser Schwendi (auch Übernachtung, Tel. +41/81/3321324), Gasthaus Strassberg (auch Übernachtung, Tel. +41/81/3742232), etwas abseits der Route das Skihaus Casanna (auch Übernachtung, in 20 Min. erreichbar, Tel. +41/81/3742082).

Der Grünsee, in wenigen Minuten von unserem Weg aus zu erreichen.

Für Kunstfreunde ist ein Besuch der reformierten Kirche in Langwies empfehlenswert.

Von **Conters (1)** folgt man den Markierungen zunächst Richtung Süd, danach biegt man nach links zum Wissbach ab. Wir steigen neben dem Bach auf und überqueren ihn später. Erst in direktem Anstieg, dann aber nur mehr querend, gewinnen wir an Höhe. Schließlich biegen wir nach rechts zur **Conterser Schwendi (2)** ab. Der Weg führt nun über schöne Alpweiden zu den zahlreichen Hütten des **Untersäss (3)** und wenig später zum **Obersäss (4)**. Rechts haltend erreicht man über die Alpböden – vor und nach dem Pass geht es etwas sumpfig zu, der Weg führt durch ein Moorgebiet – den **Durannapass (5)**. Hier sollte man trotz der Länge der Wanderung einen kurzen Abstecher – es sind gerade einmal ein paar Minuten zusätzlich – zum malerischen Grünsee (2110 m) unternehmen, der am Fuße der hübschen Felspyramide des Seehorns liegt.

Der Abstieg führt uns durch das Fondeiertal recht sanft nach **Strassberg (6)**, einer malerischen Ansammlung von Alphütten. Mit schönem Blick auf die Bergumrahmung von Arosa geht es weiter bergab und talaus, im unteren Teil ab **Stutz (7)** nicht auf dem Fahrweg, sondern neben dem Fondeier Bach. Das Tal verengt sich zu einer eindrucksvollen Schlucht. Sie ist der letzte landschaftliche Höhepunkt dieser großartigen Wanderung.

Kurz danach erreichen wir ein Alpsträßchen, wenig später – bei einer scharfen Kehre – die viel befahrene Straße von Arosa nach Chur. Neben der Straße wandern wir nach **Langwies (8)**. Hier sollte man sich ein wenig Zeit für die Besichtigung der reformierten Kirche nehmen (schöner Bau, gotische Wandmalereien). Der **Bahnhof (9)** liegt ein gutes Stück unterhalb des Dorfes. Mit der Rhätischen Bahn nach Chur und über Landquart zurück nach Küblis.

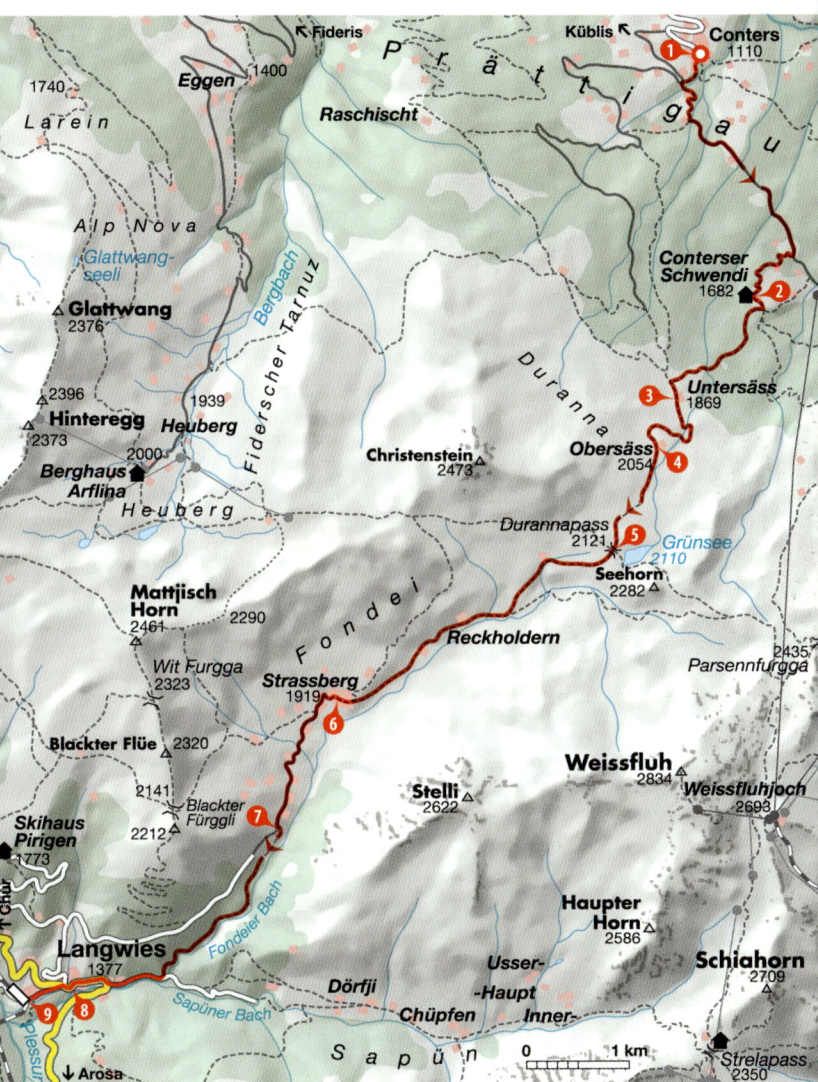

Kammwanderung mit Rätikonblick

Die anspruchsvolle Bergwanderung über die Glattwangkette begeistert vom Beginn an mit einem großartigen Blick auf die Felswände des Rätikon. Als Tagestour von Fideris aus ist sie ziemlich anstrengend, auch wenn man vom Gipfel nicht zu den Heubergen zurückkehren muss, sondern unmittelbar nach Fideris absteigen kann (Gesamtzeit 8 Std.). Die meisten Bergwanderer ziehen es deshalb vor, den Preis für den Erlaubnisschein zu investieren und mit dem eigenen PKW zum Berghaus Arflina zu fahren. Die lange Bergwanderung wird dadurch auf »Kindergröße« verkürzt. Kinder müssen allerdings von bergerfahrenen Eltern betreut werden.

Talort: Fideris, 897 m. Hierher mit Bus (für die Tour günstiger) oder PKW von Küblis.

Ausgangspunkt: Berghaus Arflina, 2000 m. Von Küblis (Bahnstation) nach Fideris. Mit Erlaubnisschein (erhältlich u. a. im Restaurant Rathaus in Fideris) auf schmaler Bergstraße zum Berghaus. Zu Fuß 3.30 Std. von Fideris (Fahrweg wird großteils vermieden).

Höhenunterschied: 400 m. Gegenanstiege bei der Kammüberschreitung.

Anforderungen: Bis zur Arflinafurgga breiter Alpweg. Über die Glattwangkette und beim Abstieg über das Glattwangseeli nur Wegspuren. Trittsicherheit erforderlich.

Einkehr: Berghaus Arflina und Berghaus Heuberge (beide Tel. +41/81/3321304). Auch Nächtigung möglich.

Prächtiger Blick – leider an einem etwas trüben Tag – von den Heubergen zum Rätikon.

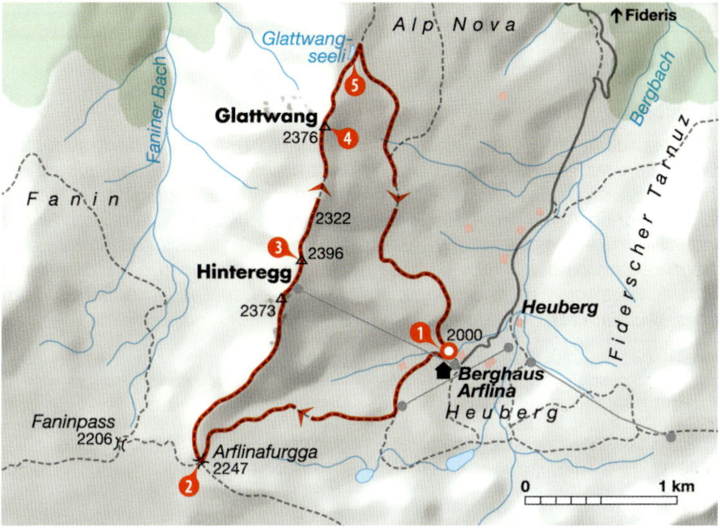

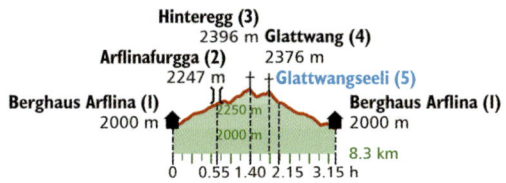

Vom **Berghaus Arflina (1)** gehen wir auf breitem Alpweg zur **Arflinafurgga (2)**, 2247 m. Hier öffnet sich erstmals der Blick nach Süden, zur Bergumrahmung von Arosa. Wir zweigen nach rechts ab und steigen in anregender Kammwanderung über mehrere nicht bezeichnete Kuppen (darunter der »Opferstein«) zur höchsten Erhebung der Glattwangkette auf: **Hinteregg (3)**, 2396 m. Nach kurzem Abstieg und neuerlichem Aufstieg erreichen wir den unwesentlich niedrigeren **Glattwang (4)**. Das **Glattwangseeli (5)** sehen wir bereits unter uns. Es ist mit dem Rätikon als Hintergrund ein beliebtes Fotomotiv. Kurz hinab über den Gratrücken in eine Einsattelung, und wenig später haben wir den malerischen Bergsee erreicht. Am rechten Ufer entlang und wenige Meter zu einem Wegweiser hinauf. Unterhalb der Glattwangkette wandern wir Richtung Heuberge zurück. Der Weg wird schließlich deutlich und breit. Er führt über einen Rücken und zum **Berghaus Arflina (1)** hinunter.

Aussichtsgipfel zwischen Prättigau und Schanfigg

Das Mattjischhorn ist ein auffallend ebenmäßig geformter Berg, den man selbst von weit entfernten Gipfeln noch gut erkennen kann. Die daran geknüpfte Erwartung an eine prächtige Aussicht vom höchsten Punkt wird auch vollauf bestätigt. Wir genießen einen großartigen Blick in beide Talschaften: ins Schanfigg – besser bekannt als die Talschaft ist der Hauptort Arosa – und ins Prättigau, natürlich mit ihren jeweiligen Bergumrahmungen. Ein weiterer Vorteil: Wenn man beim Berghaus Arflina startet, ist dieses herrliche Ziel in verhältnismäßig kurzer Zeit erreichbar.

Talort: Fideris, 897 m. Hierher mit Bus (für die Tour günstiger) oder PKW von Küblis.
Ausgangspunkt: Berghaus Arflina, 2000 m. Von Küblis (Bahnstation) nach Fideris. Mit Erlaubnisschein (erhältlich u. a. im Restaurant Rathaus in Fideris) auf schmaler Bergstraße zum Berghaus. Zu Fuß 3.30 Std. von Fideris (Fahrweg wird großteils vermieden).
Höhenunterschied: 850 m. Zusätzlich kleine Gegensteigungen.
Anforderungen: Bergwanderung, zum Teil auf breiten Alpwegen, zum Teil auf schmalen Bergpfaden und steilen Grashängen. Trittsicherheit und Schwindelfreiheit erforderlich.
Einkehr: Berghaus Arflina und Berghaus Heuberge (beide Tel. +41/81/3321304). Nächtigung möglich. Skihaus Casanna (Restaurant Samstag, Sonntag und Montag geöffnet).
Variante: ROT Kurzer Abstieg vom Mattjischhorn. Über den Ostrücken bis P. 2290, dann oberhalb des Schottensees zum Obersäss (Padels) zum Berghaus Arflina. 1 Std.

Vom **Berghaus Arflina (1)** auf breitem Alpweg zur **Arflinafurgga (2)**. Nun erst in der Flanke knapp unter dem Rücken, dann steiler und schmäler über

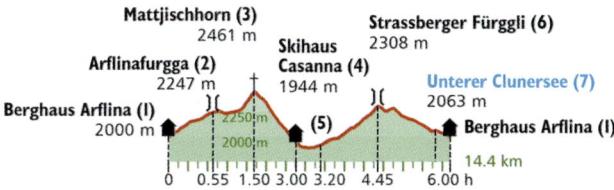

Mattjischhorn (3)
2461 m

Strassberger Fürggli (6)
2308 m

Arflinafurgga (2)
2247 m

Skihaus
Casanna (4)
1944 m

Unterer Clunersee (7)
2063 m

Berghaus Arflina (I)
2000 m

2250 m

(5)

2000 m

Berghaus Arflina (I)

14.4 km

0   0.55   1.50 3.00 3.20   4.45   6.00 h

den Grat zum Gipfel des **Mattjischhorns (3)** mit Steinmann und Gipfelbuch. Der Abstieg führt zunächst ungemein aussichtsreich über den Ostrücken, dann etwas steil nach Süden in der Flanke zum **Skihaus Casanna (4)** hinunter. Weiter geht es zur Alpsiedlung **Strassberg (5)**, und nach einem Gegenanstieg gelangen wir zur Unterstandshütte am **Strassberger Fürggli (6)**. Die Fideriser Heuberge liegen nun genau unter uns. Wir steigen bis in die Nähe des **Unteren Clunersees (7)**, 2063 m, ab und erreichen nur wenig später unseren Ausgangspunkt.

Begegnung mit einer Ziegenherde beim Abstieg vom Mattjischhorn.

Über die »Prättigauer Rigi« nach St. Antönien

Die Rigi ist ein Gipfel in der Zentralschweiz, der zum Synonym für »herrliche Aussicht« geworden ist. In diesem Sinne trifft der Vergleich mit dem Chrüz (»Kreuz«) ganz sicher zu. Das Chrüz ist ein gegen das Landquarttal vorgeschobener Gipfel und bietet dadurch trotz mäßiger Gipfelhöhe einen umfassenden Panoramablick. Beeindruckend sind vor allem die nahen Kletterberge des Rätikon – von den Westwänden der Rätschenflue über Schijenflue und Sulzfluh bis zur Drusenfluh und der Schesaplana. Großartig ist aber auch der Blick zu den vergletscherten Gipfeln der Silvretta und – ganz gegensätzlich – zu den sanften Skiwiesen der Parsennabfahrt. Die Wanderung eignet sich auch für gehtüchtige Kinder – geführt von bergerfahrenen Eltern.

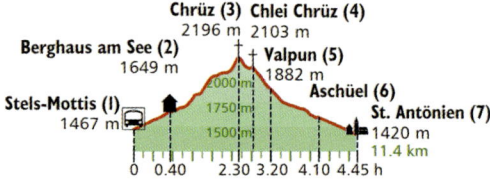

Talort: Schiers, 660 m.
Ausgangspunkt: Stels-Mottis, 1467 m. Hierher mit dem PKW, günstiger aber mit dem Postauto von Schiers.
Höhenunterschied: 740 m im Aufstieg, 780 m im Abstieg.
Anforderungen: Teilweise steile und raue Wege. Streckenweise sumpfig, Geschicklichkeit beim Balancieren auf Brettern und Baumstämmen und ganz allgemein Trittsicherheit erforderlich.
Einkehr: Gasthaus Mottis (1484 m) am Beginn in Stels, Gasthöfe und Restaurants am Ende der Wanderung in St. Antönien.

Das Kreuz auf dem Chrüz: Blick von der »Rigi des Prättigaus«.

Von **Stels (1)** zunächst auf einem Fahrweg zum **Berghaus am See (2)**. Von hier auf einem Stichweg in das Naturschutzgebiet Stelsersee (Variante). Der kurze Abstecher lohnt sich: Zu sehen gibt es weiße Seerosen im See und zahlreiche seltene Blumen im Hochmoor rund um den See. Etwas steil erreicht man einen wenig ausgeprägten Sattel im Rücken, der vom Chrüz Richtung Nordwest zieht. Über diesen Rücken geht es in sanftem Aufstieg, erst im letzten Teil etwas steiler, auf den berühmten Aussichtsgipfel des **Chrüz (3)**. Der Abstieg folgt zunächst dem Ostrücken. Dann biegt man nach links Rich-

tung Nord ein. Über das »Kleine Kreuz« **Chlei Chrüz (4)**, 2103 m, folgt man noch dem Rücken, dann steigt man in der Flanke hinab zur **Alp Valpun (5)**, 1882 m. Über feuchte Wiesen in den Wald und hinunter zum Weiler **Aschüel (6)**. Auf breitem Fußweg durch die Wiesen, am Gasthof Michelsberg vorbei zur Fahrstraße und auf dieser hinunter nach **St. Antönien (7)**. Rückkehr mit dem Postauto nach Küblis und der Rhätischen Bahn nach Schiers.

Aussichtsgipfel mit berühmtem Rätikonblick

Ähnlich wie das benachbarte Chrüz bietet auch der Sassauna durch seine vorgeschobene Lage eine großartige Aussicht nach allen Richtungen. Durch die Kabinenbahn zum Eggli ist der Anstieg zwar stark verkürzt, aber nach wie vor (teilweise) ziemlich steil. Wenn man statt der Rundwanderung zur Bergstation zurückkehrt (insgesamt dann 3.30 Std.), ist der Gipfel auch für Kinder – in Begleitung bergerfahrener Eltern, nach Bedarf sichern! – geeignet. Vorsicht ist vor allem beim Abstieg angebracht.

Talort: Fanas, 910 m. Hierher von Schiers (Bahnstation) mit PKW oder Postauto auf einer Bergstraße.
Ausgangspunkt: Bergstation Eggli, 1695 m. Talstation der Luftseilbahn etwas außerhalb des Dorfes. Mit der kleinen Kabinenbahn zur Bergstation. An schönen Wochenenden Platzreservierung empfehlenswert: Tel. +41/81/251939.
Höhenunterschied: 600 m im Aufstieg, 1400 m im Abstieg; zusätzlich kleine Höhenverluste und Gegensteigungen.
Anforderungen: Streckenweise nur Wegspuren. Trittsicherheit auf steilen Rasenhängen erforderlich. Bei Nässe gefährlich und abzuraten!
Einkehr: Bergrestaurant Sassauna oberhalb der Bergstation am Beginn, in Fanas am Ende der Bergwanderung.

Blick zur Schesaplana vom Gipfel.

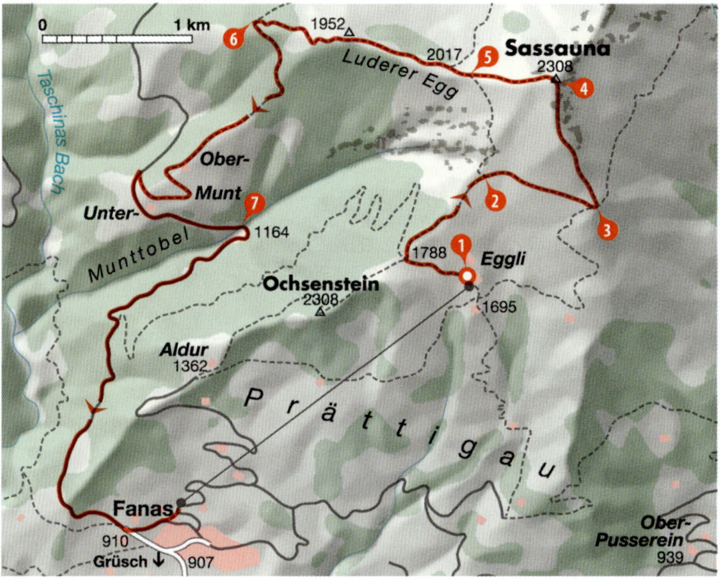

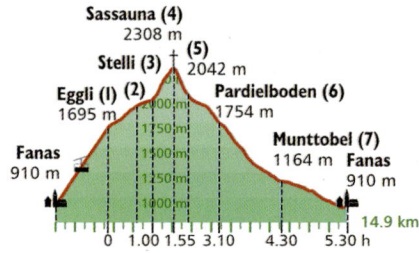

Von der Talstation Fanas zur **Bergstation Eggli (1)**. Nun steigt man links zu einem breiten Rücken auf. Auf dem Rücken folgt man dem Waldrand zu einer **Wegverzweigung (2)**. Hier ist die Anstiegsroute noch ausreichend markiert. Nun quert man nach rechts zum Rücken **Stelli (3)**, der vom Sassauna nach Süden zieht. Jetzt nur mehr Wegspuren, denen man über den Südrücken über steiles Gras (bei Nässe sehr rutschig!) zum Gipfel des **Sassauna (4)** folgt.

Vom Gipfel steigen wir über den Westgrat zum Kamm des **Luderer Egg (5)** ab. Über den Kamm zu einer vorgeschobenen Kuppe und zum **Pardielboden (6)**. Kurzzeitig führt der Weg etwas steiler abwärts, dann zweigt man scharf links ab und quert zu einem Rücken, auf dem man über Ober Munt zu einem Fahrsträßchen absteigt. Hier neuerlich links und zu einer Brücke über das **Munttobel (7)**. In der Flanke querend, verliert man langsam an Höhe, bis man **Fanas** erreicht.

Blick zur Schesaplana aus nächster Nähe!

Schuders ist ein winziges Bergdorf hoch über dem Talboden. Bereits die Auffahrt – ob mit dem eigenen PKW oder (entspannter) mit dem Postauto ist ein Erlebnis. Sie führt über die kühne Salignatobel-Brücke, die 1990 in die Reihe der »Weltmonumente« aufgenommen wurde. Wer diese Brücke, erbaut in den Jahren 1929/30, genauer besichtigen möchte, unternimmt eine kleine Rundwanderung (Dauer etwa 45 Min.). Ratsam allerdings erst nach unserer Wanderung, für die man sich schonen sollte, denn sie ist einerseits ganz schön lang und anstrengend, andererseits aber landschaftlich großartig. Besonders eindrucksvoll ist der Nahblick zum Rätikon, vor allem zur Schesaplana, zur Sulzfluh und zur Drusenfluh. Wer es sich zutrauen darf, kann über Steilgras zusätzlich den Girenspitz besteigen – ohne Markierung, nur Wegspuren. Bei Nässe rutschig und gefährlich. Der Rücken verschmälert sich zuletzt zu einem ausgesetzten Grat.

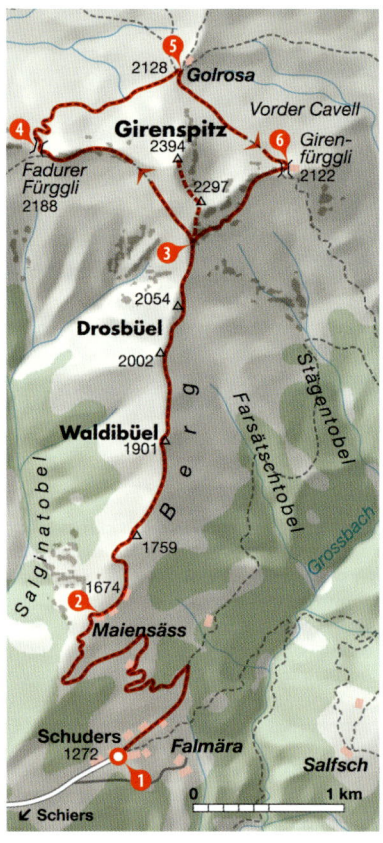

Talort: Schiers, 660 m.

Ausgangspunkt: Schuders, 1272 m. Kleines Bergdorf hoch über dem Talboden. Von Schiers (Bahnstation) mit dem PKW oder dem Postauto (Platzreservierung erforderlich) erreichbar.

Anforderungen: Anstrengende Bergwanderung, die Trittsicherheit, Ausdauer und alpine Erfahrung erfordert.

Einkehr: Erst am Ende der Rundwanderung in Schuders (Gasthaus der Familie Thöny).

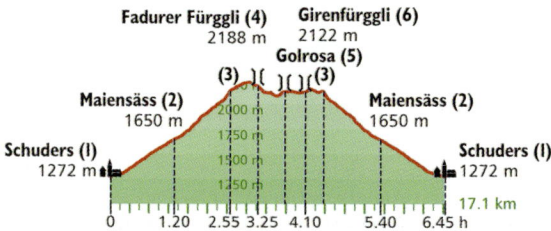

Von Schuders (1) steigt man über die steile Südostflanke zu einem deutlich ausgeprägten Rücken auf. Diesen Rücken verfolgt man zum malerisch gelegenen **Maiensäss (2)**. Weiter über mehrere Kuppen (Waldibüel, Drosbüel) – stets ungemein aussichtsreich – zu einer **Wegverzweigung (3)**. Zum **Fadurer Fürggli (4)** halten wir uns links und queren die vom Girenspitz herabziehende Flanke. Die Querung setzen wir nun schattseitig – mit einem atemberaubenden Nahblick auf die Südwände der Schesaplana – über **Golrosa (5)** zum **Girenfürggli (6)** fort. In der steilen Südostflanke queren wir zum Rücken, über den wir aufgestiegen sind. Der Kreis schließt sich, wir erreichen den Maiensäss und steigen auf dem Anstiegsweg nach **Schuders (1)** ab.

Die Sulzfluh vom Anstieg zum Girenspitz.

Üppige Blumenwiesen und erstaunlich schöne Aussicht

Furna, unser Ausgangspunkt, ist eine typische Walser Siedlung mit schönen alten Häusern. Das Kirchlein liegt hoch über dem Talboden und ist bereits von der Station Furna zu sehen. Der hübsche Bau stammt aus dem 15. Jh. und lohnt einen Besuch (Chor mit gotischem Sterngewölbe, teilweise erhaltene geschnitzte Decke). Der Furner Berg ist eine Hochfläche über dem Dorf ohne ausgeprägten Gipfel, aber mit vielen Kuppen. Die höchste Kuppe (Höhsäss, 1824 m) liegt nicht unmittelbar am Weg, kann aber leicht erreicht werden. Die Rundwanderung führt im Frühjahr durch üppige Blumenwiesen. Trotz der geringen Höhe genießt man – aufgrund der gegen das Landquarttal vorgeschobenen Lage der Anhöhe – eine prächtige Aussicht. Bei der geringen Höhe verwundert es, dass die Orientierung am Furner Berg oft nicht ganz einfach ist. Es gibt nicht zu wenige, sondern zu viele Wege, eine verwirrende Fülle und oft nur Pfadspuren in den Alpwiesen. Bei schlechter Sicht sollte man sorgfältig auf Abzweigungen und Markierungen achten.

Trollblumen auf dem Furner Berg, einem wahren Blumenparadies.

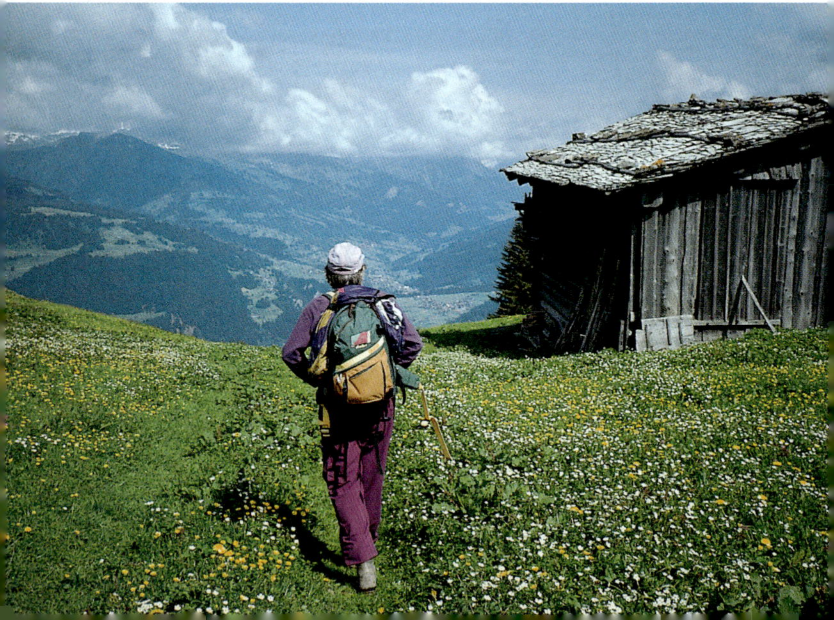

Talort/Ausgangspunkt: Furna, 1366 m. Hierher von Schiers mit PKW oder Bus auf einer Bergstraße. Parkplatz.

Höhenunterschied: Einschl. Gegensteigungen etwa 600 m.

Anforderungen: Weitgehend unschwierige Wege durch Wald und über Wiesen, teilweise Fahrsträßchen. Trotz des harmlosen Geländes – besonders bei schlechter Sicht – auf die Markierungen achten!

Einkehr: Berghäuser in Scära und Hinterberg.

Varianten: a) Höhsäss, 1824 m. 10 Min. von der Abzweigung.

b) Gh. Scära: Von der Abzweigung (5) nach rechts zum Berghaus Scära (1708 m). Weiter über Hinterberg (1409 m) nach Furna (1.45 Std. länger).

Vom Posthalt in **Furna (1)** kurz talein, dann rechts und auf einem Fahrweg in vielen Kehren bis zum letzten Bauernhof. In der Kurve vor diesem Hof nach rechts. Ziemlich steil durch den Wald, dann fast eben über eine Lichtung mit **Feuchtbiotop (2)** und schließlich auf breitem Weg zum **höchsten Punkt (3)** der Rundwanderung, 1766 m; Abzweig zum Höhsäss. Der Blick reicht weit: zu den schroffen Bergen jenseits des Rheintales (Calanda) ebenso wie zu den Felsklötzen des Rätikon.

Nun über ebene Wiesen nach **Ronen (4)** und weiter, nach rechts einbiegend hinunter zu einer **Wegverzweigung (5)**. Hier nach links und Richtung Ost auf einem Wirtschaftsweg zurück nach **Furna (1)**.

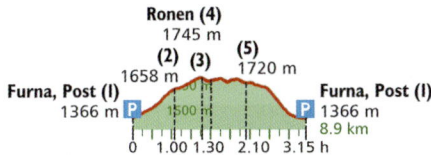

Besonders schön zur Narzissenblüte!

Seewis liegt sonnig und windgeschützt am Südostfuß des Vilan. Diese günstige Lage führte zur Errichtung eines Kurhauses für Lungenkranke. In der Blütezeit von Davos in den ersten Jahrzehnten des 20. Jahrhunderts kam es in Mode, sich durch einen Aufenthalt in geringerer Höhe – in Seewis – für das höher gelegene Davos zu akklimatisieren. Neue Behandlungsmethoden (Antibiotika) machten inzwischen teure Kuraufenthalte überflüssig, doch für Bergwanderer ist Seewis eine gute Adresse. Mit dem Crupspitz und dem Fadärastein erreichen wir mit geringer Mühe großartige Aussichtspunkte. Beeindruckend ist z. B. der Blick vom Crupspitz zum Rätikon oder in die Chlus, vom Fadärastein der schwindelerregende Abblick in das Rheintal. Die Narzissenblüte (Mai, Juni) auf den Wiesen von Fadära ist schließlich eine zusätzliche Attraktion. Die Wanderung ist kurz und abwechslungsreich, ideal für Kinder, zumal man sogar einmal einkehren kann.

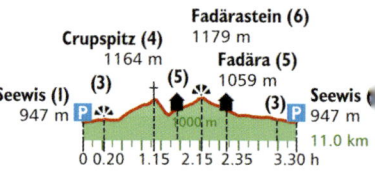

Talort/Ausgangspunkt: Seewis, 947 m. Hierher von Grüsch (Bahnstation) mit dem Postauto oder dem PKW auf gut ausgebauter Bergstraße. Parkplatz bei der Kirche.
Höhenunterschied: 340 m. Zusätzlich geringe Höhenverluste bzw. Gegenanstiege.
Anforderungen: Bei der Überschreitung des Crupspitz steile und schmale Bergpfade, sonst bequeme Wege und Fahrsträßchen. Trittsicherheit nötig.
Einkehr: Gasthaus Fadära.
Variante: Abstieg nach Malans. Vom Fadärastein zunächst steil (Geländer, Eisenstangen), dann auf Waldweg nach Malans. 1.15 Std.

Der Fadärastein wird im späten Frühjahr wegen der prächtigen Narzissenwiesen häufig besucht.

Von **Seewis (1)** wandern wir an der **Post (2)** vorbei zunächst mit geringem Höhengewinn auf einem Fahrweg bequem talein zu einer **Wegverzweigung (3)**. Schöner Rückblick auf die Schesaplana! Bald geht es nun auf einem steilen und schmalen Bergpfad auf den **Crupspitz (4)**, 1164 m. Diese Aussichtsloge (Geländer, Rastbänke) liegt oberhalb der Chlus, der engen Schlucht, die das Rheintal vom Prättigau trennt.

Der Abstieg beginnt wieder steil. Durch den Wald steigen wir zum **Gasthof Fadära (5)** ab. Vom Gasthaus wandert man – wieder erst auf einem Fahr-, dann auf einem Fußweg – hinauf zum **Fadärastein (6)**, 1179 m. Von der Aussichswarte (ungemein steiler Abbruch ins Rheintal!) genießt man ein zweites Mal eine großartige Aussicht.

Wir kehren zunächst auf dem Anstiegsweg zum **Gasthof Fadära (5)** zurück und wandern dann auf einem Fahrweg (Fahrverbot an Sonn- und Feiertagen) zurück nach **Seewis (1)**.

Seewis, der Ausgangspunkt für unsere Rundwanderung.

79

Rundwanderung mit interessanten Gipfeloptionen

»Haupt«: So heißt der behäbige Rücken, der mit einer steilen Flanke ins Rheintal abbricht. Er hat drei Gipfel, von denen der Mittelgipfel, 1398 m, der höchste ist; der etwas niedrigere Nordgipfel, 1382 m, ist dagen leichter zu finden und zu ersteigen. Für die Mühe des steilen Anstiegs belohnen uns ein eindrucksvoller Tiefblick in den Talboden von Landquart, die urwaldähnliche Umgebung und die große Einsamkeit. Natürlich ist nicht nur der Talblick eindrucksvoll, sondern auch die Fernsicht – in den Rätikon und die Silvretta, aber auch über das Rheintal hinweg auf Ringelspitz, Pizol und viele andere Gipfel. Am Beginn der Wanderung erreichen wir bereits einen Aussichtsgipfel der Sonderklasse, die Mittagplatte (1370 m). Wem die Rundwanderung zu kurz ist, der kann vom Gipfel zur Station Valzeina-Seewis absteigen.

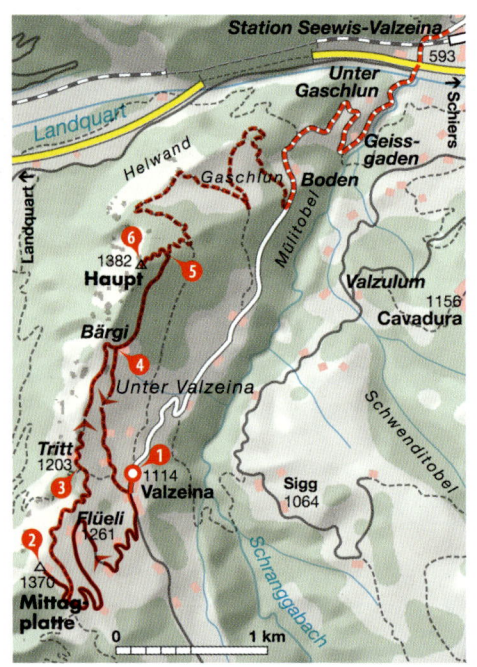

Talort/Ausgangspunkt: Valzeina, 1114 m. Hierher mit Postauto oder PKW von Grüsch. Parkplatz neben der Kirche.

Höhenunterschied: Mit Höhenverlusten und Gegensteigungen etwa 500 m.

Anforderungen: Teils Fahrwege, teils Fußwege. Wirklich steil ist nur der Gipfelanstieg zum Haupt, für den man zusätzlich auch Trittsicherheit benötigt.

Einkehr: Nach der Rückkehr in Valzeina.

Variante: Abstieg zur Station Seewis-Valzeina der Rhätischen Bahn. Vom Gipfel zur Abzweigung. Dort links und auf markiertem Weg zur Bahnstation im Ortsteil Pardisla. 3.00 Std.

Vom **Parkplatz (1)** wenige Schritte talein, dann nach rechts und auf einem Wirtschaftsweg zur **Mittagplatte (2)** mit Sendemast

Blick vom Haupt auf den Weinort Malans im Rheintal.

und Rastbänken. Kurz zurück, bei einer Wegtafel nach links abzweigen und auf einem Fußweg zum **Tritt (3)**, 1203 m. Nun zumeist etwas unterhalb des nach West steil abfallenden Rückens in einigem Auf und Ab aufsteigen, immer wieder mit schönen Ausblicken.

Schließlich scharf rechts zum Bauernhof **Bärgi (4)**, 1256 m. Leicht ansteigend, dann querend, durch den Hauptwald zu einer **Wegtafel (5)**, 1291 m. Hier beginnt (kein Hinweisschild, keine Markierung, nur Wegspuren) der kurze, aber steile Gipfelanstieg, bei dem man den **Nordgipfel (6)**, 1382 m, erreicht. Der Abstieg führt zurück zur **Abzweigung (5)** und weiter nach **Bärgi (4)**. Auf der Hofzufahrt zurück nach **Valzeina (1)**.

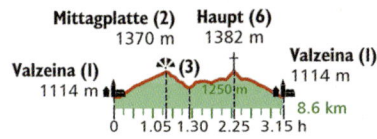

81

Eindrucksvolle Überschreitung von Valzeina nach Says

Diese großzügige Überschreitung ist anregend und abwechslungsreich, allerdings sind Trittsicherheit und Schwindelfreiheit nötig. Motivierend wirken zudem die abwechlungsreichen Aus- und Abblicke. Eindrucksvoll z. B. die Tiefblicke ins Rheintal und der Blick zum Rätikon. Die Gehzeiten sind nicht so lang, als dass sie gehtüchtige und geübte Bergwanderer davon abhalten würden, zusätzlich zwei prächtige Aussichtsgipfel mitzunehmen: die Mittagplatte am Beginn unserer Wanderung und – als kurzen Abstecher vom Hauptweg – das Medli (Mädli). In beiden Fällen genießt man großartige Abblicke vor allem ins Rheintal! Wie auf nahezu allen Überschreitungen oder Durchquerungen im Gebiet dieses Wanderführers ist die Rückkehr mit öffentlichen Verkehrsmitteln (Postauto und Rhätische Bahn) ohne größere Probleme möglich, wenn auch hier etwas umständlich. Natürlich kann man auch nach Valzeina zurückkehren (Variante); wir empfehlen in diesem Fall, vor dem Abstieg einen zusätzlichen Gipfel zu besteigen, den Cyprianspitz (1774 m).

Kirche in Obervalzeina, unserem Ausgangspunkt.

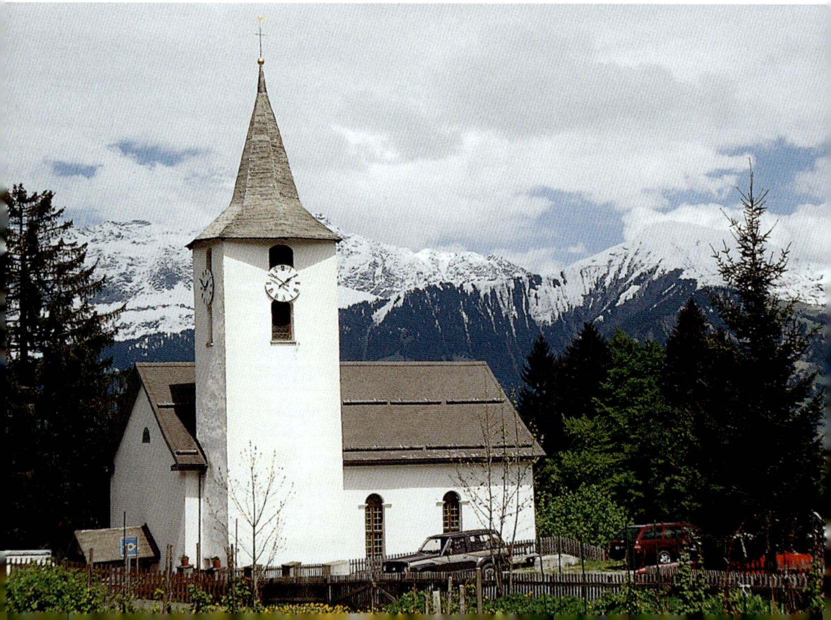

Auf der Mittagplatte. Tief unten im Rheintal der Verkehrsknotenpunkt Landquart.

Talort/Ausgangspunkt: Valzeina, 1114 m. Hierher mit Postauto (günstiger) oder PKW von Grüsch. Parkplatz neben der Kirche.

Höhenunterschied: 800 m, zusätzlich zahlreiche kleine Höhenverluste und Gegensteigungen.

Anforderungen: Berg- und Fahrwege. Für den Gratweg Trittsicherheit, Schwindelfreiheit und Orientierungsvermögen erforderlich (Leiter, Kettensicherungen). Vorsicht bei Nässe!

Einkehr: Berggasthof in Stams (nur an Wochenenden geöffnet).

Variante: ROT Cyprianspitz, 1774 m, und Rückkehr nach Valzeina. Von Stams Wiederanstieg zum Gratrücken. Leicht abwärts und dann oberhalb des Sattels auf Wegspuren bzw. weglos zum Gipfel mit großartiger Aussicht! Zum Anstiegsweg hinunter und über Churberg und Ober-Clavadätsch nach Engi. Auf dem Fahrsträßchen zurück nach Valzeina. 2 Std.

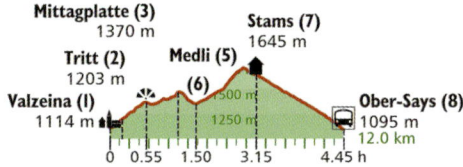

Mittagplatte (3) 1370 m
Stams (7) 1645 m
Tritt (2) 1203 m
Medli (5)
(6)
1500 m
Valzeina (I) 1114 m
1250 m
Ober-Says (8) 1095 m
12.0 km

0   0.55   1.50   3.15   4.45 h

Von **Valzeina (1)** kurz talein, dann (Wegtafel) nach rechts abzweigen. Wenig später verlässt man das Fahrsträßchen nach links und steigt auf einem Wiesenweg zum **Tritt (2)**, dem Übergang ins Rheintal, auf. Der Wegtafel folgend, kurzzeitig steil und in Kehren, zuletzt sanft auf einem Fahrsträßchen zur **Mittagplatte (3)**, 1370 m; Sendemast, großartiger Aussichtspunkt!

Kurz auf dem Anstiegsweg zurück zum Beginn des **Gratweges (4)**; die Markierung BLAU weist auf eine schwierige Bergwanderung hin. Zunächst weglos über eine Wiese. Weiter über den teilweise ausgesetzten Grat zu einer Leiter. Es folgen Abschnitte mit Kettensicherungen (einmal ein steiler Aufschwung) zur Wegtafel »**Medli**« **(5)**. Kurz zum Gipfel (verwitterte Rastbank) und zurück. Weiter absteigend zum **Fahrsträßchen (6)** und auf diesem, an Höfen und Wochenendhäusern vorbei, zur Abzweigung des Wanderweges (Wegtafel). Zunächst durch Wiesen in den Wald und zum Sattel. Vom Sattel lohnender Abstecher zum **Cyprianspitz** (1774 m, nur Wegspuren, hin und zurück ca. 30 Min).

Nun folgt der Abstieg über eine auffallend schöne Blumenwiese zu den zahlreichen Hütten von **Stams (7)**, 1645 m, die man genau beim Alpengasthof Stams erreicht (Einkehrmöglichkeit). Weiter zunächst durch die Hütten von Stams, dann wandert man auf einem Fahrsträßchen durch den Wald nach **Ober-Says (8)** hinunter. Mit dem Postauto (Platzreservation erforderlich, Tel. +41/58/3863166) über Trimmis nach Chur. Mit der Rhätischen Bahn über Landquart nach Grüsch.

Blick auf Pizalun und Churfirsten und das unter uns liegende Rheintal.

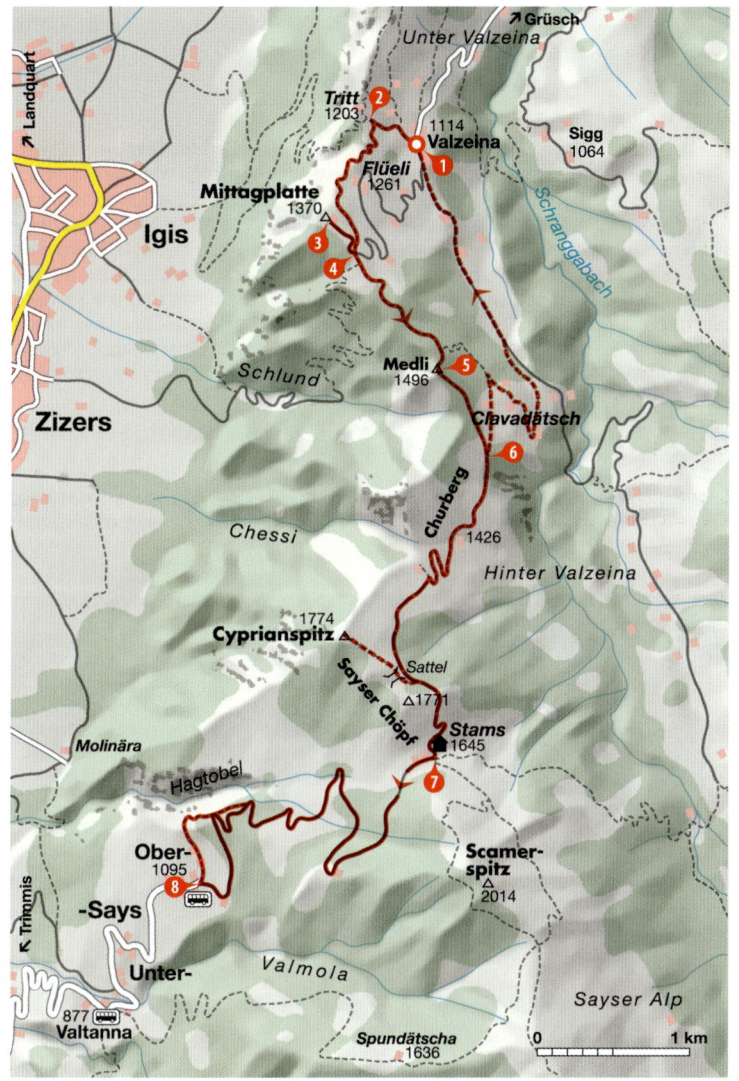

Über Wolfgang und Schwarzsee ins Prättigau

Diese unschwierige und wenig anstrengende Wanderung führt von Davos, dem Hauptort der Landschaft Davos, nach Klosters, dem Hauptort im Prättigau. Wie bei vielen Alpenpässen verbindet der Wolfgangpass zwischen Klosters und Davos in viel höherem Maße als er trennt. Im Winter gibt es einen gemeinsamen Skipass, der die Verbundenheit von Klosters und Davos im Tourismus zeigt. Der Sommer zieht nun in dieser Hinsicht nach: Gleichgültig, ob ein Gast in Davos oder in Klosters wohnt, er kann die Ortsbusse und die Seilbahnen in beiden Orten gratis benützen und auch die Rhätische Bahn, die – eine technische Meisterleistung – mehr als 400 Höhenmeter überwindet. Ein Höhepunkt unserer Wanderung ist der kleine Schwarzsee, ein Naturschutzgebiet.

Ausgangspunkt: Station Davos-Dorf, 1560 m.
Höhenunterschied: 80 m im Aufstieg, 450 m im Abstieg. Kleine Höhenverluste bzw. Gegensteigungen.
Anforderungen: Gut markierte und beschilderte, zumeist breite Wanderwege ohne Steilstufen.
Einkehr: Hotel und Restaurant Kulm auf dem Wolfgang.
Variante: Vom Bahnhof nach Stilli und am Ostufer des Sees zum Wolfgang. Schöner, aber am Morgen schattig, unwesentlich länger.

Blick zum Canardhorn und Wisshorn (rechts der Bildmitte) sowie über den sportlichen Ortsteil von Klosters mit Schwimmbad und Sportanlagen.

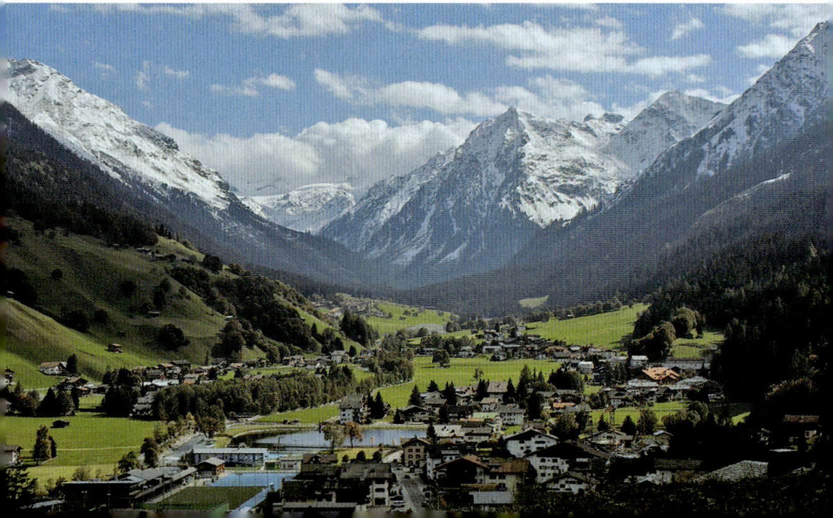

Von der **Station (1)** der Rhätischen Bahn neben der Straße (breiter Gehsteig) zum großen Parkplatz am Südende des **Davoser Sees**. Die Straße verschwindet in einer Galerie, wir wandern am Westufer des Sees entlang. An seinem Ende zur und über die Fahrstraße und auf dem »Ob-dem-See-Weg« an der Höhenklinik Davos vorbei zum **Wolfgang (2)**. Hier stößt man wieder auf die Fahrstraße. Wir wechseln die Straßenseite und gehen am Hotel Kulm vorbei. Wenig später wandern wir durch einen schönen Lärchenwald hinunter, dann die Straße überquerend, nach **Unter Laret (3)**. Kurz nach dem Ort nach links zum Schwarzsee, an dem entlang auf zu einem Fahrweg zur Station Da-

vos-Laret kommen. Über die Gleise der Bahn und weiter zur Lichtung mit dem Weiler **Ried (4)**. Kurzzeitig schmales Weglein durch Wiesen, dann wieder breiter Weg, der erst abwärts, dann in einem kleinen Gegenanstieg zur **Station Cavadürli (5)** führt. Kurz vor der Station nach rechts und auf einem Fahrweg (steile Abkürzungen für Mountainbiker, Vorsicht!) zur Gotschnabahn. Durch eine Bahnunterführung zur Station **Klosters-Platz (6)**.

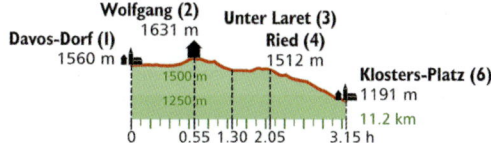

Interessante Durchquerung der südlichen Plessuralpen

Von der Bergstation ist man in wenigen Minuten beim Wasserscheidi. Die Weissfluh steht nun unmittelbar vor uns, einer der berühmtesten Aussichtsgipfel Graubündens. Hinauf und hinunter dauert es gerade einmal eine Stunde. Wer kann dieser Verlockung widerstehen und auf einen so großartigen Auftakt verzichten? Steht man allerdings auf der Weissfluh, ist die großartige Aussicht durch zahlreiche Verbauungen getrübt. Ein Trost: So arg wie bei der Zugspitze ist es nicht. Ein weiterer Trost: Vor etlichen Jahren war es noch erheblich ärger. Die aussichtsreiche und großzügige Durchquerung entschädigt uns für diesen Eindruck, allerdings auch erst nach der Abzweigung von der breiten Skipiste. Der Abstieg von den Heubergen nach Fideris ist lang und eintönig. Man versucht es deshalb besser mit einem Bus des Berghauses oder mit Autostopp.

Talort: Davos-Dorf, 1560 m.
Ausgangspunkt: Talstation Parsennbahn, 1560 m.
Höhenunterschied: 450 m im Aufstieg, 1150 m im Abstieg. Zahlreiche kleine Höhenverluste bzw. Gegensteigungen.

Anforderungen: Teilweise steile Wege, im Alpgelände mitunter weglos und sparsam markiert. Trittsicherheit und Bergerfahrung sind erforderlich.
Einkehr: Berghaus Arflina und Berghaus Heuberge (beide Tel. +41/81/3321304). Auch Nächtigung möglich.

Arosa und seine Bergumrahmung vom Aufstieg zur Weissfluh.

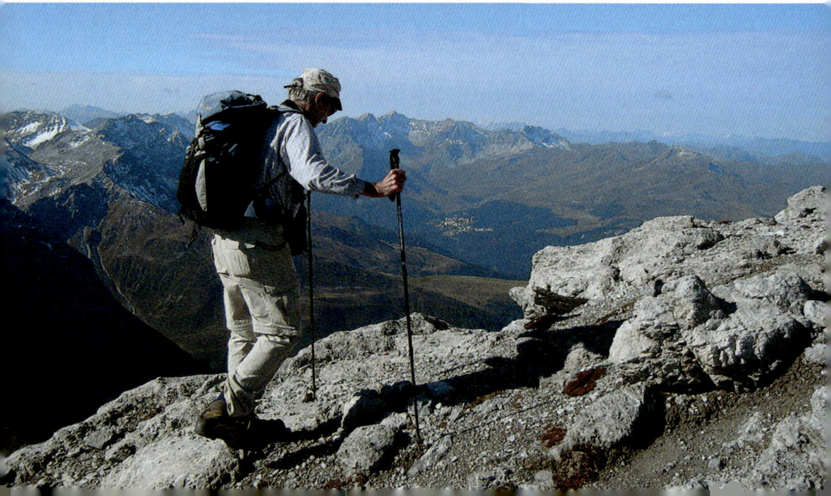

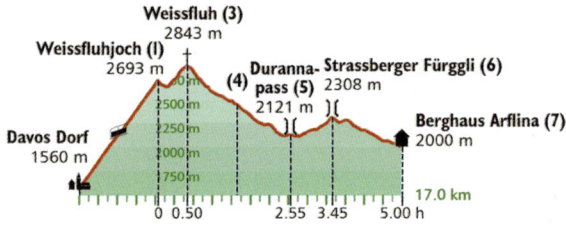

Seehorn und Mattjischhorn, rechts von einem auffälligen dunklen Zapfen das Strassberger Fürggli.

Von der Talstation der Standseilbahn über die Mittelstation Kreuzweg zur **Bergstation (1)** der Parsennbahn. In wenigen Minuten in eine breite Einsattelung hinunter, die **Wasserscheidi (2)**. Auf einem Weglein ohne besondere Schwierigkeiten auf die berühmte **Weissfluh (3)**, 2843 m.
Zurück zur **Wasserscheidi (2)** und auf der Skipiste Richtung Nord in unterschiedlicher Steilheit zur **Abzweigung »Heuberge« (4)**. Nach rechts geht es in die Parsennfurgga. Wir halten uns links und erreichen in einem Linksbo-

89

gen den Casannapass. Einen steilen Hang querend kommt man in eine Einsattelung, aus der man etwas auf- und nördlich des auffallenden Seehorns zum malerischen Grünsee, 2110 m, absteigt. Sanft aufwärts zum nur unwesentlich höheren **Durannapass (5)**, 2121 m. Auf dem Weiterweg öffnet sich der Blick zur Alp Fondei im Mittel- und zur Bergumrahmung von Arosa im Hintergrund.

Über meist ziemlich nasses Wiesengelände (unangenehm nach stärkeren Regenfällen) steigt man zum **Strassberger Fürggli (6)** auf (Unterstandshütte). Die Anstiegshöhenmeter dieses Bergtages hat man damit geschafft. An-

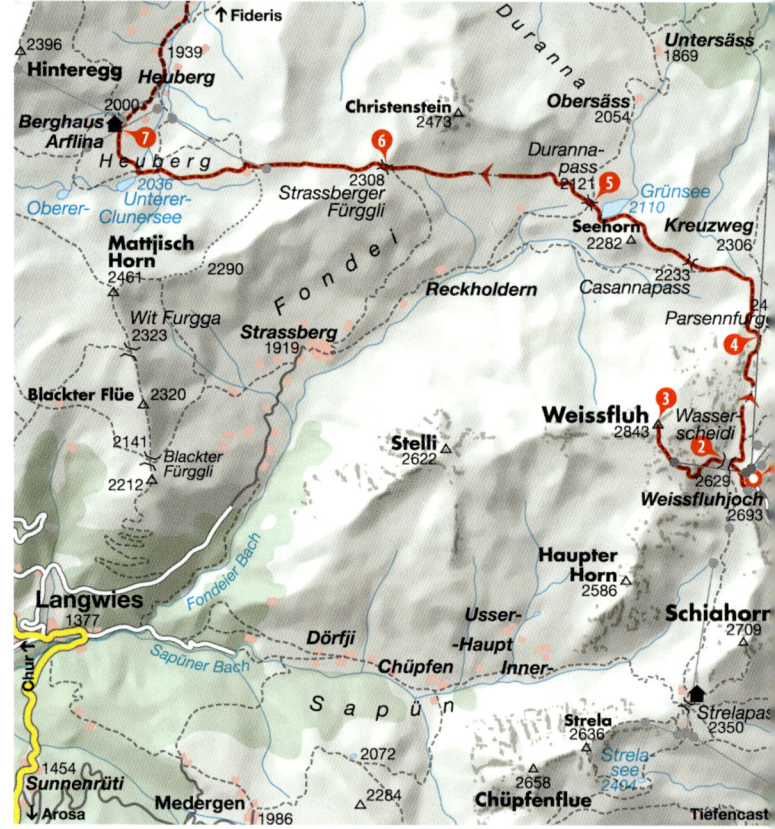

fangs noch querend, bald aber zügig absteigend, erreicht man die **Heuberge (7)** mit zwei Einkehrmöglichkeiten (Berghaus Arflina und Berghaus Heuberge). Mit Hüttentaxi oder Autostopp nach **Fideris**.

Statt der Viertelstunde zu Fuß vom Dorf Fideris zum Bahnhof kann man das Postauto benützen. Von der Station Fideris – gegenüber ein gemütlicher Gasthof, in dem sich eine etwaige Wartezeit angenehm überbrücken lässt – mit der Rhätischen Bahn zurück nach Davos-Dorf.

Anmerkung: Ein Abstieg zu Fuß von den Heubergen nach Fideris (2.30 Std.) lohnt nicht – lang und eintönig, teilweise auf Asphaltstraße.

Piz Kesch vom Gipfel der Weissfluh.

Erholsamer Abstieg vom Weissfluhjoch

Eine Abstiegswanderung hat zumeist den Vorteil, dass sie nicht besonders anstrengend ist, weil sie den Kreislauf nicht belastet, dafür allerdings die Kniegelenke (Bergstöcke verwenden!). In unserem Fall ist sie außerdem ungemein aussichtsreich, weil sie in fast 2700 m Höhe im Hochgebirge beginnt, ohne Zustieg über eine Alpstraße oder Aufstieg durch einen Wald. Auch der Weg ist die meiste Zeit anregend. Erst im letzten Teil der Wanderung führt er über ein Fahrsträßchen. Da man zuvor auch noch im gemütlichen Berggasthof Heimeli einkehren kann, eignet sich die Wanderung auch für Kinder.

Talort: Davos-Dorf, 1560 m.
Ausgangspunkt: Talstation Parsennbahn, 1560 m.
Höhenunterschied: 1380 m.
Anforderungen: Gelegentlich raue und steile Bergwege, zuletzt ein Fahrsträßchen. Trittsicherheit erforderlich. Wegen der großen Höhe auf stabiles Wetter achten!
Einkehr: Berggasthaus Heimeli, 1831 m (auch Nächtigung möglich, Tel. +41/81/3742161).

Von der Talstation der Parsennbahn zur Bergstation **Weissfluhjoch (1)**. Auf der breiten Piste über den Westrücken in wenigen Minuten zur **Wasserscheidi (2)**. Durch das **Haupter Tälli** Richtung Süd zu einer Seilbahn (Verbindung mit dem Strelapass, nicht in Betrieb); weiter in der linken Talflanke. Auf dem interessanten Felsenweg erreicht man den **Strelapass (3)**, 2350 m. Von hier steigt man steil in vielen Kehren ins Haupter Tälli ab, überquert den Bach und wandert in der rechten Talflanke zum Berghaus Heimeli (1831 m). Auf einem Fahrweg oberhalb des Sapüner Baches über **Chüpfen (4)** zu den Häusern von **Dörfji (5)** und weiter zum und über den Fondeier Bach zur scharfen Kehre der Straße von Chur nach Arosa.

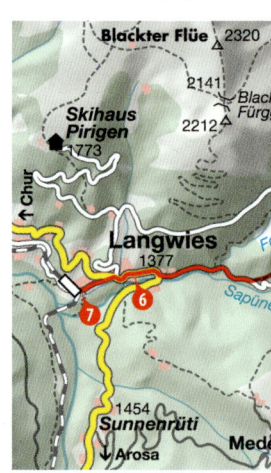

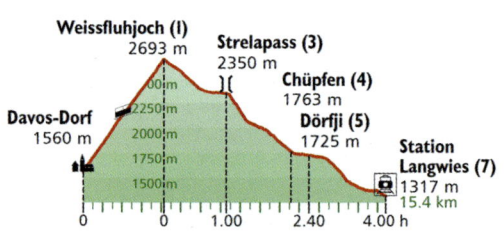

Rückblick zur Weissfluh vom Felsenweg.

Neben dieser Straße nach **Langwies (6)**. Man steigt zur Station **Langwies (7)** ab, dann geht es mit der Rhätischen Bahn über Chur und Landquart zurück nach Davos.

Zauberhafte Bergseen im Jörital

Im Talschluss des Jöritals liegen die malerischen Jöriseen in einem urweltlich anmutenden Becken unterhalb der vergletscherten Nordflanke des Flüela Wisshorns. Die Seen sind eine Hauptattraktion im Tourengebiet des Berghauses Vereina, von dem sie leichter zu erreichen sind als auf unserer Rundwanderung, die ja über zwei hohe Pässe (Jöriflüelafurgga und Winterlücke) führt.

Talort: Davos-Dorf, 1560 m.
Ausgangspunkt: Wägerhus, 2207 m. Von Davos-Dorf (Bahnstation) mit dem PKW oder Postauto in Richtung Flüelapass. Geräumiger Parkplatz kurz nach dem Wägerhus, unmittelbar nach einer Straßenbrücke.
Höhenunterschied: 830 m. Dazu kleine Höhenverluste bzw. Gegenanstiege.

Anforderungen: Teilweise schmale, felsdurchsetzte und geröllige Steige. Trittsicherheit erforderlich. Wegen der bedeutenden Höhe sollte man auf stabiles Wetter achten!
Einkehr: Erst nach der Bergwanderung im Hospiz auf dem Flüelapass oder bei der Rückkehr nach Davos-Dorf im Gasthof Tschuggen.

Vom **Wägerhus (1)** steigen wir über einen guten Bergweg zu einer **Wegverzweigung (2)** auf. Wir wählen den linken Ast (rechts ginge es zur Winterlücke). Wir überqueren einen Bergbach und folgen dem nächsten im Müllersch Tälli in wechselnder Steilheit, vorbei an einem kleinen Bergsee, den

Abstieg von der Jöriflüelafurgga: die Jöriseen im Überblick.

wir wörtlich links liegen lassen. Zuletzt holen wir nach links aus und erreichen durch felsiges Gelände die **Jöriflüelafurgga (3)**, 2723 m. Hier haben wir erstmals einen großartigen Blick in die Silvretta. Kurz ein wenig anspruchsvoller und steil (Seilsicherung), dann durch die Südostmulde hinunter zu den Jöriseen. Vom ersten See zu einer **Kuppe (4)**, 2532 m. Hier Wegverzweigung (Abstieg zum Berghaus Vereina). Kurz weiter zu einer neuerlichen Wegverzweigung – über den Jöriflesspass ins Unterengadin. Hier nach rechts und zum **Östlichen Jörisee (5)**. Nun auf das Flüela Wisshorn zu. Wir steigen oberhalb des Beckens bzw. unterhalb des stark abgeschmolzenen Jörigletschers auf. Rechts vom kleinen Gletscher erreichen wir (neuerlich kleine Seen) die **Winterlücke (6)**. Im Abstieg wird es kurzzeitig felsig und steil. Durch Felsblöcke ins Alpgelände, weiter zum Anstiegsweg – hier schließt sich der Kreis – und hinunter zum **Wägerhus (1)**.

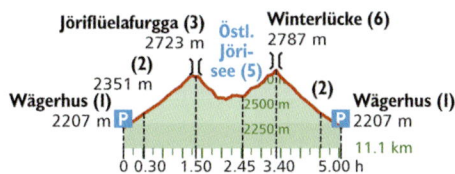

Prachtgipfel nahe dem Flüelapass

Das Pischahorn ist ein »Fast-Dreitausender« in vorgeschobener Lage, von niedrigeren Nachbarn umgeben und deshalb ein lohnendes und aussichtsreiches Ziel für geübte Bergwanderer. Besonders eindrucksvoll und nah stehen uns Plattenhörner und Piz Linard gegenüber!

Talort: Davos-Dorf, 1560 m.
Ausgangspunkt: Tschuggen, 1938 m. Mit dem PKW auf der Straße zum Flüelapass zum Tschuggen. Parkplatz oberhalb des Gasthofs. Besser: In Dörfji oder beim Gasthof Alpenrose parken und mit dem Postauto zum Gasthof Tschuggen.

Höhenunterschied: 1100 m. Zusätzlich kleine Gegensteigungen.
Anforderungen: Alpine Erfahrung und Trittsicherheit erforderlich. Wegen der großen Höhe auf stabiles Wetter achten!
Einkehr: Erst am Ende der Bergwanderung im Gasthof Alpenrose.

Vom **Tschuggen (1)** an der kleinen Kapelle vorbei zur steilen Südwestflanke, über die man mit gutem Höhengewinn im Wechsel zwischen Kehren und Querungen zum Tschuggenberg aufsteigt. Rastbank, schöner Blick talein zum Pass und zum Schwarzhorn, talaus zur Weissfluh. Ganz nah gegenüber Sentischhorn und Baslersch Chopf (im Winter beliebte Skigipfel).
Nun in lang ansteigender Querung Richtung Bergstation der Kabinenbahn

(nur Winterbetrieb). Noch vor dem Gebäude rechts **(2)** und in eine Einsattelung. Rechts über den **Pischagrat (3)**, dann in der Flanke zu einer **Kuppe (4)** im Südwestgrat des Pischahorns. Nun teils über den Grat, teils rechts in der Flanke, zuletzt über einen Vorgipfel (2908 m) zum erstaunlich geräumigen Hauptgipfel des **Pischahorns (5)**.
Der Abstieg verläuft zunächst über den Nordwestrücken. Nach einer militärischen Anlage wird die Flanke weniger steil, und man kann nach links in die »Verborgen Pischa« absteigen; eventuell kurzer Abstecher zum **Pischasee (6)**. Nun in einigem

Auf dem Gipfel: Blick auf Davos, Schiahorn und Weisshorn.

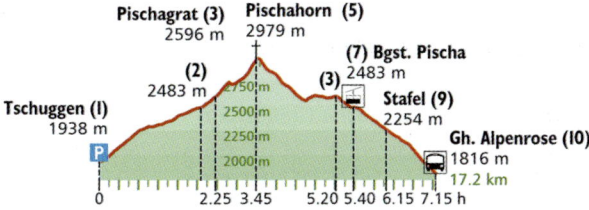

Auf und Ab durch das Becken und hinauf zum **Pischagrat (3)**. Hier stößt man auf den Anstiegsweg. Zur **Bergstation (7)** hinunter und weiter zu einer Wegverzweigung. Hier beginnt der Abstieg über den **Flüelaberg (8)**. Nach links und querend zum **Stafel (9)** absteigen. Den Markierungen nach – Aufmerksamkeit ratsam! – in einer großen Kehre in und durch den Wald, zuletzt zum **Gasthof Alpenrose (10)**. Bushaltestelle.

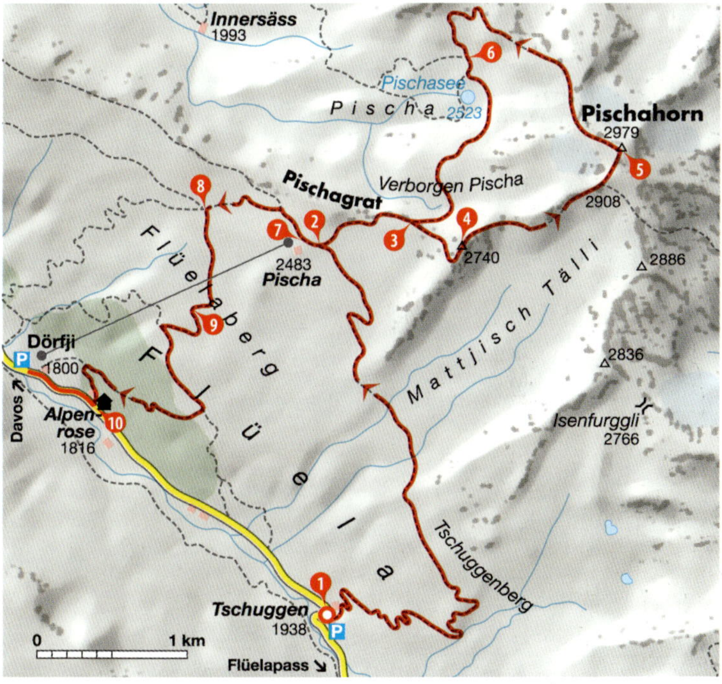

Abstieg durch eine ursprüngliche Landschaft

Noch vor einigen Jahren verkürzte die Pischabahn die Anstiegsmühe beträchtlich. Sie ist nun im Sommer nicht in Betrieb. Die Wanderung ist dadurch erheblich länger geworden. Das hat aber auch einen Vorteil. Sie wird jetzt seltener begangen und man kann »Verborgen Pischa«, ein urtümliches Becken mit eingelagerten Seen, oft in großer Einsamkeit erleben.

Talort: Davos-Dorf, 1560 m.

Ausgangspunkt: Gasthof Alpenrose, 1816 m. Von Davos-Dorf (Bahnstation) mit dem PKW oder dem Postauto auf der Straße zum Flüelapass zum Gasthof.

Höhenunterschied: 800 m im Auf-, 1150 m im Abstieg. Zusätzlich kleine Höhenverluste bzw. Gegensteigungen.

Anforderungen: Trittsicherheit erforderlich. Bei schlechter Sicht im weiten Kar der Verborgen Pischa sorfältig auf die Markierungen achten!

Einkehr: »Renatas Grillgarten« auf dem Grüenbödeli.

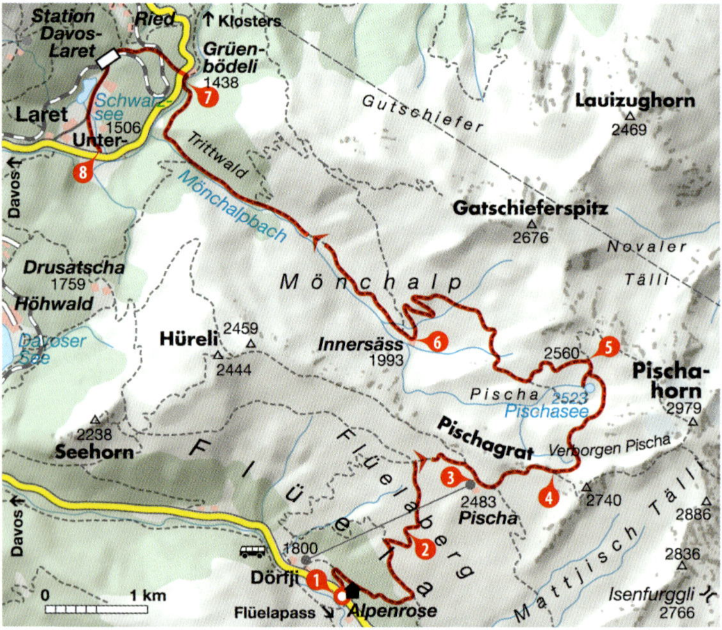

98

Vom **Gasthof Alpenrose (1)** auf markiertem Weg über **Stafel (2)**, 2254 m, zur **Bergstation (3)** der Pischabahn (nur Winterbetrieb). Weiter zum Höhenrücken des **Pischagrats (4)**, der vom Hüreli zum Pischahorn zieht. In eine weite Mulde (Verborgen Pischa) absteigen und in leichtem Auf und Ab zu einer **Wegverzweigung (5)**; lohnend ist zuvor noch ein Abstecher auf kurzem Stichweg zum **Pischasee**. Von der erwähnten Wegverzeigung steigen wir ziemlich steil ins Mönchalptal zum **Innersäss (6)**, 1993 m, ab. Durch das Tal erst gemütlich, dann steiler auf breitem Weg zum Stützbach hinunter. In der engen Bachschlucht donnert der Bergbach eindrucksvoll talwärts. Ein kleines Elektrizitätswerk nutzt seine Kräfte.

Unverkennbar »weiß« über dem herzförmigen Pischasee die Weissfluh.

Beim **Grüenbödeli (7)** – Einkehr möglich – über die Brücke und etwas später über die Fahrstraße. Auf breitem Weg durch den Wald leicht ansteigend zur Bahnstation Davos-Laret (Halt auf Verlangen). Nun auf breitem Weg Richtung Süd und am malerischen Schwarzsee (Naturschutzgebiet) vorbei – auch eine Umwanderung ist möglich – nach **Unter Laret (8)**. Mit dem Ortsbus (Linie 1, Haltestelle »Laret Landhaus«, Halbstundentakt) zurück zum Bahnhof Davos-Dorf.

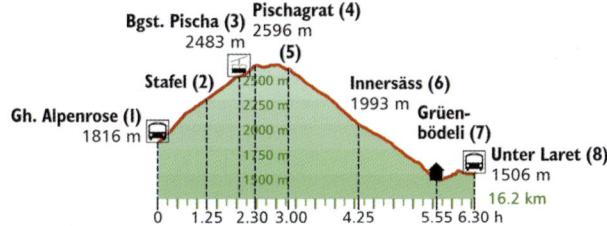

Gemütlicher Nachbar des Seehorns

Das Hüreli liegt dem Seehorn gegenüber, ist aber keine schroffe Erhebung wie das Seehorn, sondern ein Doppelgipfel mit zwei Kuppen. Früher war das Hüreli ein Halbtagsspaziergang von der Bergstation der Pischabahn. Seit die Bahn im Sommer eingestellt ist, wird die Rundwanderung zu einer zwar nicht allzu langen, aber doch zu einer ganz normalen Tagestour. Trotz der für Davos mäßigen Gipfelhöhe bietet das Hüreli eine herrliche Fernsicht, insbesondere aber einen faszinierenden Tiefblick auf Davos und seinen See.

Talort: Davos-Dorf, 1560 m.
Ausgangspunkt: Wolfgang, 1631 m. Hierher von Davos-Dorf mit dem PKW, besser aber mit dem Ortsbus (Linie 1).
Höhenunterschied: 820 m im Aufstieg, 880 m im Abstieg; zusätzlich kleine Hö- henverluste bzw. Gegenanstiege.
Anforderungen: Breite Alpwege, aber auch raue, teilweise steile Bergwege. Trittsicherheit erforderlich.
Einkehr: Erst am Ende der Bergwande- rung in Davos.

Vom **Wolfgangpass (1)** am Hotel Kulm vorbei zur Abzweigung eines Alpsträßchens, das ohne besonders spürbarem Höhengewinn durch den Wald in leichtem Auf und Ab zur **Drusatscha (2)** führt. Das ändert sich bald und wir erreichen über die Westflanke eine Wegverzweigung. Hier nach links und in der Flanke ansteigend zum **Arbeliboden (3)** queren. Über den Nord-

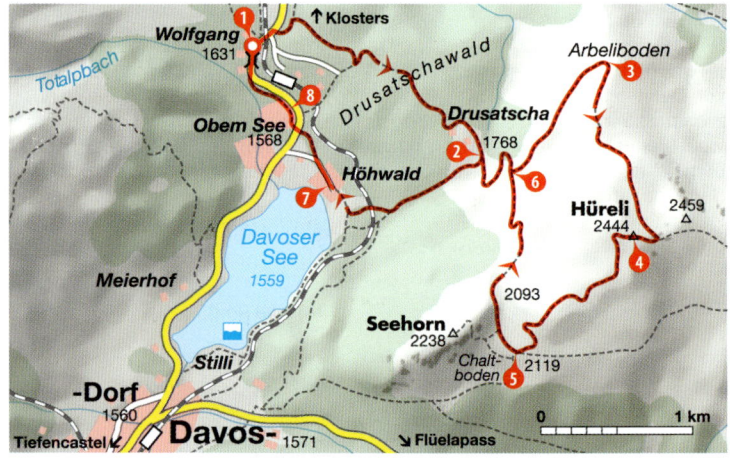

Davoser See vom Anstieg zum Hüreli. Ganz hinten lugt die Weissfluh hervor.

rücken, dann in einer Mulde zu einer Einsattelung zwischen den beiden Gipfeln des Hüreli. Nach rechts zum etwas niedrigeren **Hauptgipfel (4)**. Steinmann, etwas darunter Rastbank. Den etwas höheren Nachbarn (2459 m) erreicht man aus der Einsattelung problemlos über die breite Flanke (hin und zurück etwa 10 Min.).

Der Abstieg führt in wechselnder Steilheit zum Sattel **Chaltboden (5)**. Nach rechts und in der Flanke zum Anstiegsweg und zur **Wegverzweigung (6)** vor der Drusatscha. Neuerlich links und dem Drusatschabächli nach zur Abzweigung nach Höhwald. Kurz zu dieser **Häusergruppe (7)**, auf einem Fahrweg zur Hauptstraße und zur Haltestelle **Hochgebirgsklinik (8)**. Mit dem Ortsbus zurück nach Davos-Dorf. Oder: Abseits der Fahrstraße an der Höhenklinik vorbei zum **Wolfgang (1)**. Von hier – eventuell nach einer Einkehr im Hotel Kulm (gemütliche Gaststuben, aussichtsreiche Sonnenterrasse) – mit dem Ortsbus nach Davos-Dorf zurück.

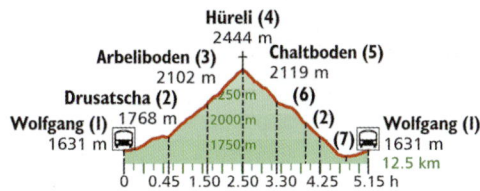

Aussichtskanzel über dem Davoser See

Das Seehorn ist einer der »Hausberge« von Davos. Der zwar niedrige, aber schön geformte Gipfel ist von der Stadt aus gut zu sehen. Das verlockt, ihn auch zu besteigen! Besonders schön ist der unmittelbare Tiefblick auf Davos und den Davoser See. Der Weg ist anregend und kurz, daher auch geeignet für Kinder in Begleitung bergerfahrener Eltern.

Talort: Davos-Dorf, 1560 m.
Ausgangspunkt: Station Davos-Dorf, 1560 m. Oder: Mit dem Ortsbus der Haltestelle Stilli (1571 m). Verkürzt die Wanderung um 15 Min.
Höhenunterschied: 680 m im Auf- und Abstieg. Zusätzlich kleine Höhenverluste

bzw. Gegenanstiege.
Anforderungen: Der Weg ist im Gipfelbereich rau und steil. Trittsicherheit erforderlich. Vor und nach dem Gipfelbereich unschwierig, zum Teil breite Wege.
Einkehr: Erst am Ende der Wanderung in Davos-Dorf.

Von der Station **Davos-Dorf (1)** kurz Richtung See, dann auf breitem Fußweg zwischen der belebten Fahrstraße und dem Flüelabach zur **Abzweigung (2)** des Wanderweges bei der Wegtafel »Seehorn« auf der anderen Straßenseite. Unser Weg kreuzt mehrmals eine Forststraße. Nicht gestattet

Auf dem Seehorn. Im Talboden Davos, darüber Chörbschhorn, Strela und (ganz rechts) Schiahorn.

ist die Benützung einer »Direttissima«, die (steil, teilweise nur Wegspuren) über den Südwestrücken unmittelbar zum Gipfel führt (Schutzgebiet). Oberhalb der Waldgrenze führt der Weg an der steilen Südostflanke des Seehorns vorbei, holt nach rechts (Richtung Ost) aus und erreicht den breiten Sattel **Chaltboden (3)**, 2119 m. Hier gabeln sich die Wege. Scharf nach links abzweigend führt ein kleiner Steig steil und etwas mühsam zum Gipfel des **Seehorns (4)**.

Der Abstieg führt zunächst auf dem Anstiegsweg zurück. Bereits oberhalb der Abzweigung halten wir uns links und queren die Westflanke des deutlich höheren Hüreli. In zwei Kehren geht es dann hinunter zur großen **Alp Drusatscha (5)**. Schon bei der ersten Alphütte, 1768 m, beginnt der Abstieg. Mit prachtvollem Blick auf den Davoser See, Davos und seine Bergumrahmung wandern wir über die Alpwiesen, queren die Gleise der Rhätischen Bahn und erreichen den **Davoser See (6)**. Am Ostufer entlang auf der breiten Seepromenade zum Strandbad. Wir folgen dem Ufer nach rechts, erreichen einen großen Parkplatz und wenig später unseren **Ausgangspunkt (1)**.

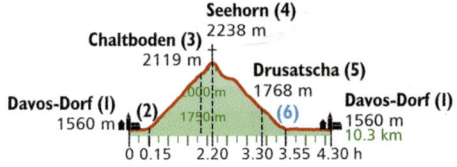

Unterwegs auf einem alten Säumerpfad

Der Flüelapass war früher eine wichtige Verbindung, über den die Säumer, also die Fuhrleute, die Waren vom Vinschgau über den Ofenpass ins Engadin und weiter über den Flüelapass nach Davos brachten. Heute führt ein Wanderweg abseits der Fahrstraße auf den Pass, zum Teil auf dem alten Weg der Säumer. Die Wanderung ist selbst in der Hochsaison nicht überlaufen und landschaftlich sehr schön. Auf- und Abstieg zusammen ergeben allerdings mit gut 7 Std. eine ansehnliche Gehzeit. Das Postauto ermöglicht dafür jedoch eine bequeme Rückkehr. Be-

nützt man das Postauto am Beginn und begeht die Wanderung im Abstieg (etwa 3 Std.), ist sie auch für Kinder gut geeignet. Die Kinder werden viele natürliche Spielplätze entdecken und wie ihre Eltern die Einkehr im Gasthof Tschuggen oder in der »Alpenrose« genießen.

Talort: Davos-Dorf, 1560 m.
Ausgangspunkt: Station Davos-Dorf, 1560 m.
Höhenunterschied: 830 m.

Anforderungen: Gelegentlich schmaler und etwas rauer Weg.
Einkehr: Flüelahospiz, Gh. Alpenrose und Gh. Tschuggen (kurze Stichwege).

Von der **Station (1)** neben der Fahrstraße Richtung See. Nach rechts zum Flüelabach. Auf einem Fußweg, erst (im Anstiegssinne) links, bald aber rechts vom Bach, an einem Seilgarten (»Adventure Park Davos«) und einem (etwas kümmerlichen) Wasserfall vorbei. Das Tal ist zunächst eng, weitet sich aber auf der Höhe von **Dörfji**. Die **Gasthöfe Alpenrose** und **Tschuggen** liegen nicht unmittelbar am Weg; die Abzweigungen dorthin **(2)** bzw. **(3)**

Der Flüelabach mit dem Flüela Schwarzhorn im Hintergrund.

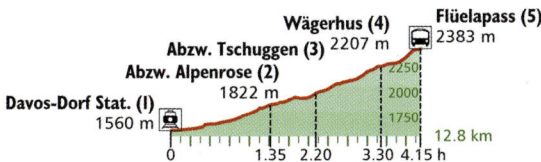

Flüelapass (5)
2383 m

Wägerhus (4)
2207 m

Abzw. Tschuggen (3)
Abzw. Alpenrose (2)
1822 m

Davos-Dorf Stat. (1)
1560 m

2250
2000
1750

12.8 km

0   1.35 2.20   3.30 4.15 h

werden durch Wegtafeln angekündigt. Nach einer Hangstufe kommt man neuerlich in flaches Gelände. Beim **Wägerhus (4)** überqueren wir die Fahrstraße, die sich rechts im Hang hinaufwindet. Im Talboden zunächst flach, zuletzt noch einmal etwas steiler, zur **Passhöhe (5)** hinauf. Das **Flüelahospiz** erreichen wir in wenigen Minuten – es liegt bereits im Unterengadin.

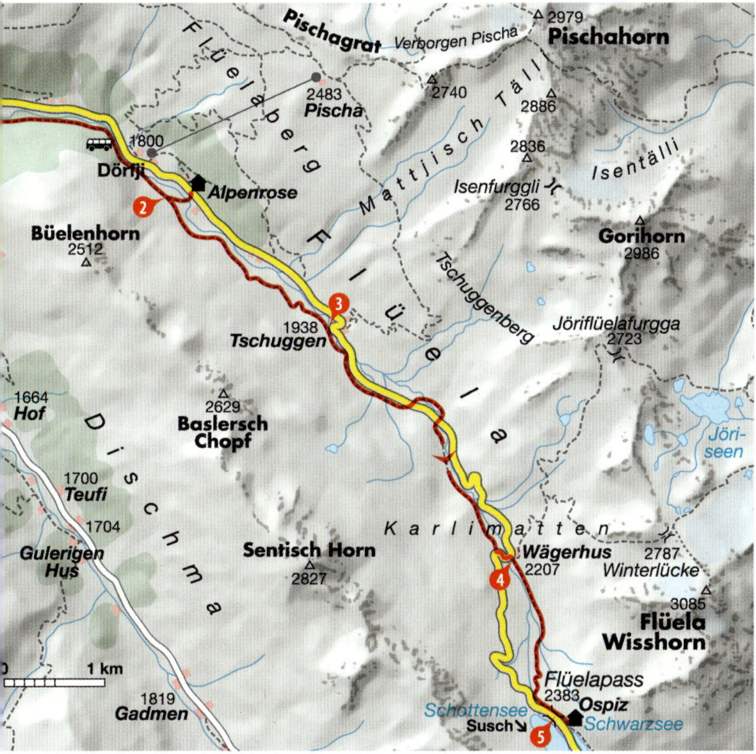

105

Dreitausender mit eindrucksvollem Panoramablick

Unser Ziel ist ein schön geformter Gipfel, Blickfang auf vielen anderen Wanderungen. Zudem ist das Flüela Schwarzhorn (bei den vielen Schwarzhörnern in unseren Alpen kommt dem Zusatz »Flüela« Bedeutung zu) ein leicht erreichbarer Dreitausender, der für seine umfassende Aussicht berühmt ist. Dementsprechend groß ist der Ansturm auf diesen Gipfel.

Talort: Davos-Dorf, 1560 m.
Ausgangspunkt: Wanderparkplatz Schwarzhorn, 2332 m. Über den Flüelapass zum Wanderparkplatz.
Höhenunterschied: 930 m im Aufstieg, 1260 m im Abstieg. Zusätzlich kleine Höhenverluste bzw. Gegensteigungen.
Anforderungen: Ohne Nächtigung eine lange und anstrengende Bergwanderung. Trittsicherheit erforderlich. Wegen der großen Höhe auf stabiles Wetter achten!
Einkehr: Chamanna da Grialetsch, 2542 m, bewartet von Juli bis September, 61 Schlafplätze, Tel. +41/81/4163436.
Variante: Von der Grialetschhütte auf schönem Höhenweg zurück zum Parkplatz Schwarzhorn. 40 Min. länger.

Auf gutem Bergweg vom **Parkplatz (1)** zur **Schwarzhornfurgga (2)**, 2880 m, einer Einsattelung im Südostrücken des Schwarzhorns. Über diesen Rücken geht es nun steil, aber ohne besondere Schwierigkeiten zum Gipfel des **Flüela Schwarzhorns (3)**.
Der Abstieg führt uns zunächst zurück in die Schwarzhornfurgga. Von hier nur mehr kurz hinunter, dann zweigen wir nach rechts ab und queren die weite Mulde unterhalb der Reste des Radöntgletschers (Vadret da Radönt).

Zwischen dem dunklen und massigen Piz Radönt und einem unbedeutenden Vorgipfel ist die **Fuorcla Radönt (4)**, 2788 m, eingeschnitten, zu der wir aufsteigen. Nun auf Wegspuren über und durch große Blöcke – insbesondere

Das Flüela Schwarzhorn. Links die Schwarzhornfurgga und Beginn des Südostgrats.

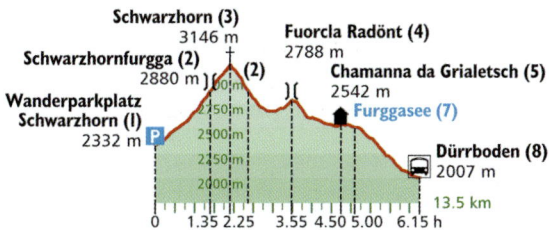

Schwarzhorn (3)
3146 m

Fuorcla Radönt (4)
2788 m

Schwarzhornfurgga (2)
2880 m

Chamanna da Grialetsch (5)
2542 m

Wanderparkplatz
Schwarzhorn (I)
2332 m

Furggasee (7)

Dürrboden (8)
2007 m

13.5 km

bei schlechter Sicht sorgfältig auf die Markierungen achten! Bei einer Abzweigung nach links in Richtung Val Grialetsch. Man erreicht den »Panoramaweg«, hält sich rechts und steigt zur **Chamanna da Grialetsch (5)** ab.
Nun wandert man an zwei Bergseen vorbei zur **Fuorcla da Grialetsch (6)**,
2537 m, und fast eben zum **Furggasee (7)**, 2510 m. Weiter auf gutem Weg
nach **Dürrboden (8)**, 2007 m. Mit dem Ortsbus zurück nach Davos.

Übergang aus dem Dischmatal ins Grialetschtal

Die Bergwanderung führt uns durch die Grialetschgruppe, einen erstaunlich ursprünglichen Teil der Albulaalpen. Unsere Wanderung ist für gehtüchtige Kinder in Begleitung bergerfahrener Eltern gut geeignet. Motivierend wirkt eine Nächtigung in der Chamanna da Grialetsch – ein Vergnügen für die Kinder, nicht immer für die Eltern. Die Hütte ist ein beliebtes Standquartier für Bergsteiger im Sommer und Tourengeher im Winter. Eine Nächtigung teilt die Gehzeit in zwei annähernd gleiche Hälften auf.

Talort: Davos-Dorf, 1560 m.

Ausgangspunkt: Dürrboden im Dischmatal, 2007 m. Hierher von Davos (Bahnstation) mit dem PKW oder – in diesem Fall günstiger – dem Ortsbus (Linie 12).

Höhenunterschied: Im Aufstieg ca. 600 m, im Abstieg ca. 400 m. Gegenanstieg nach Chant Sura eingerechnet.

Anforderungen: Keine nennenswerten Schwierigkeiten, doch Trittsicherheit auf teils schmalen und rauen Wegen nötig.

Einkehr: Chamanna da Grialetsch, 2542 m. Die Hütte verfügt über 61 Schlafplätze und ist von Juli bis September bewartet, Tel. +41/81/4163436.

Variante: Von der Wegverzweigung nahe der Hütte durch das Grialetschtal ab-, zuletzt zur Haltestelle Chant Sura des Postautos aufsteigen (15 Min. Gegenanstieg).

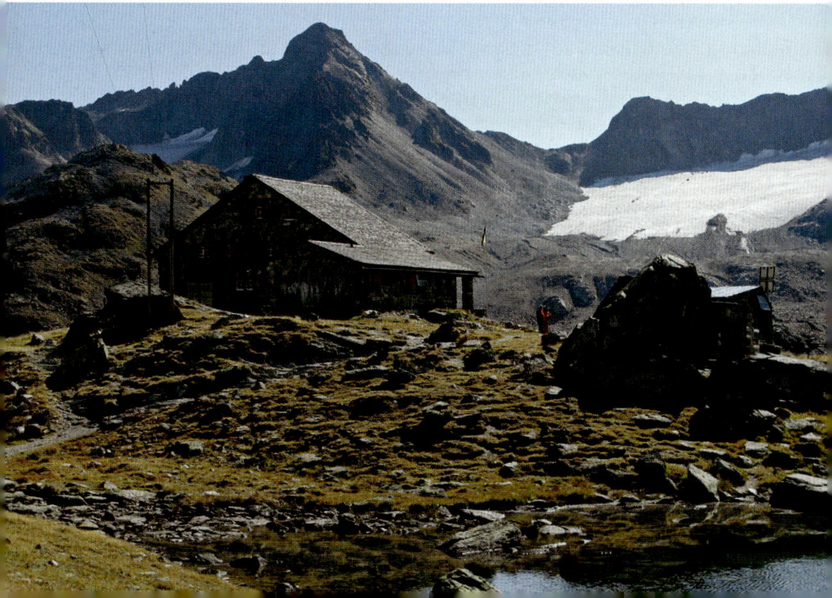

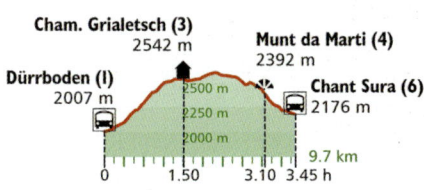

Vom **Gasthaus Dürrboden (1)** über die Brücke und im flachen Talboden in Richtung Talschluss. Schöner Blick auf den Piz Grialetsch und seine vergletscherte Nordflanke (Scalettagletscher). Der geröllige Weg führt nun in der mächtigen Südwestflanke des Radüner Rothorns höher und in die weite Mulde mit dem Furggasee. Von diesem See zu einem Wegweiser in der **Fuorcla da Grialetsch (2)**, 2537 m. Rechts haltend erreicht man in kurzer Zeit, vorbei an mehreren kleinen Seen, die **Chamanna da Grialetsch (3)**. Sie steht auf einem Hügel, gleich nach einem See, der als Trinkwasserspeicher ausgewiesen und daher mit Badeverbot belegt ist.

Von der Hütte kurz zur Wegverzweigung. Nach links auf dem Höhenweg in leichtem Auf und Ab, an kleinen Seen vorbei, zum Aussichtspunkt **Munt da Marti (4)**. Nun durch die Nordwestflanke zu einer **Weggabelung (5)** nahe der Fahrstraße. Nach rechts und auf dem Fußweg zur Haltestelle **Chant-Sura (6)** des Postautos.

Die Chamanna da Grialetsch vor dem gleichnamigen Gletscher.

111

Eindrucksvolle Rundwanderung über zwei Pässe

In alter Zeit waren Scalettapass und Sertigpass für den Warenverkehr wichtige Verbindungen mit dem Engadin bzw. dem Albulatal. Heute sind diese Wege zwar für den Handel bedeutungslos, nicht aber für den Bergwanderer! Natürlich könnten wir die ursprünglichen Routen beschreiben, die in S-chanf bzw. in Bergün enden. Die Rückkehr mit öffentlichen Verkehrsmitteln wäre möglich, aber doch recht zeitaufwendig. Zudem verbindet unsere großzügige Rundwanderung beide Pässe und führt nicht nur zu abwechslungsreichen Ausblicken, sondern auch zu malerischen Bergseen (Lais da Ravais-ch).

Talort: Davos-Dorf, 1560 m.

Ausgangspunkt: Dürrboden im Dischmatal, 2007 m. Von Davos-Platz (Bahnstation) mit PKW oder (hier besser) mit dem Ortsbus (Linie 12) nach Dürrboden.

Höhenunterschied: 950 m im Aufstieg, 1100 m im Abstieg. Zusätzlich kleine Höhenverluste bzw. Gegenanstiege. Insgesamt bedeutende Wegstrecken!

Anforderungen: Teilweise schmale und raue Wege erfordern Trittsicherheit, die Länge der Bergwanderung eine gute Kondition.

Einkehr: Erst am Ende der Bergwanderung in Sertig Sand oder Sertig Dörfli.

Variante: Sertigpass, 2739 m. Aufstieg von Sand, Abstieg zu den Seen, Rückkehr auf demselben Weg. 6 Std.

Kurz nach **Dürrboden (1)** gabelt sich der Weg. Wir halten uns rechts und wandern, allmählich ansteigend, talein. Nach der Umgehung einer Bachschlucht und Querung einer steilen Flanke in ein Becken. Von hier steigen wir geradewegs zum **Scalettapass (2)** auf. An manchen Stellen sind die Steinplatten der alten Säumerverbindung noch erhalten. – Der Abstieg führt zu einer Wegverzweigung. Die alte Säumerroute folgte hier dem Tal und erreichte durch die Val Susauna das Inntal. Wir halten uns rechts und queren die steilen Flanken unter dem Chüealphorn und oberhalb der Val Funtauna zur Val Sartiv. Hier

Der malerische Lai da Ravais-ch Suot.

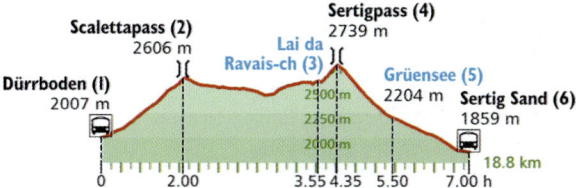

nach rechts und nicht auf dem direkten Weg zum Sertigpass, sondern im Talboden weiter zu den malerischen Seen von **Ravais-ch (3)**. Jetzt aber steigen wir endlich zum **Sertigpass (4)** auf. Vom Pass erreichen wir verhältnismäßig flott den **Grüensee (5)**, dann aber zieht sich der Weg entlang dem Chüealpbach. Dennoch empfehlen wir den kleinen Abstecher zu einem eindrucksvollen Wasserfall (Hinweisschild), bevor wir in **Sertig Sand (6)** in den Ortsbus (Linie 8) einsteigen und nach Davos zurückkehren.

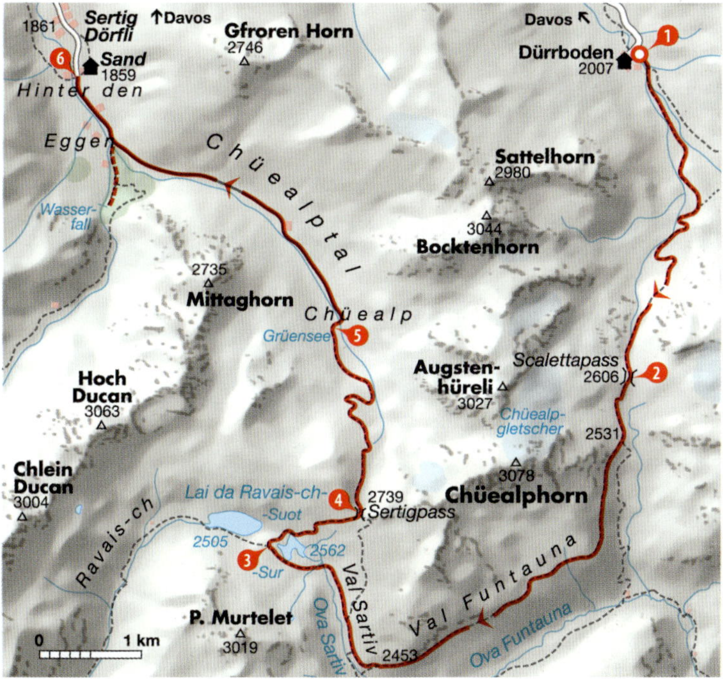

Merkmale: Aussichtsreich, kurz, wenig anstrengend

Der Rücken, den wir auf dieser lohnenden Bergwanderung verfolgen, trennt das Dischmatal vom Sertigtal. Er ist natürlich aussichtsreich. Wir haben freie Sicht nach allen Seiten und genießen den Nahblick zum Schwarzhorn und zum Piz Grialetsch ebenso wie den Fernblick zum Piz Palü oder zum Tödi. Auf unserer Wanderung überschreiten wir mehrere kotierte und benannte Gipfel – eine Traumtour also für »Gipfelsammler«, die in einem kurzen Abstecher (Abzweigung kurz nach der Bergstation) auch das Jakobshorn »mitnehmen« (2590 m). Gut geeignet auch für Kinder in Begleitung bergerfahrener Eltern. Ein kleiner, aus der Charakteristik der Wanderung verständlicher Nachteil ist, dass sie viel begangen wird.

Talort: Davos-Platz, 1540 m.
Ausgangspunkt: Bergstation Jakobshorn, etwa 2560 m. Von der Station Davos-Platz durch die Unterführung zur Talstation. In zwei Teilstrecken hinauf zur Bergstation.
Höhenunterschied: 130 m im Aufstieg, 830 m im Abstieg. Zahlreiche kleine Höhenverluste bzw. Gegenanstiege auf dem Höhenrücken.
Anforderungen: Trittsicherheit erforderlich.
Einkehr: Erst am Ende der Bergwanderung in Sertig Dörfli.

Blick vom Gipfel in die Albulaalpen. Ganz hinten der Piz Kesch.

Von der Talstation der Jakobshornbahn hinauf zur **Bergstation (1).** Nun steigt man zunächst auf dem breiten Weg etwas ab. Vom Hinweisschild »Jatzhorn« führt ein Weglein zum Gratrücken hinauf. Diesem Grat folgt man nun über einen Vorgipfel zum **Jatzhorn (2)**, 2682 m. In anregender Wanderung geht es über den Rossboden, 2613 m, in eine Einsattelung. Das **Witihüreli (3)**, 2635 m, wird über ein Stichweglein bestiegen. Ein unbenannter Gipfel, 2623 m, bietet einen schönen Rastplatz etwas oberhalb der **Tällifurgga (4)**, die man wenig später erreicht.

Von der Furgga steigen wir über die teilweise steile Flanke auf einem schmalen Weglein ins Sertigtal ab. In einer Höhe von etwa 2100 m treffen wir auf den breiten und belebten Wanderweg, der unmittelbar von der Bergstation herabführt. Auf ihm geht es weiter bis zur Fahrstraße, die man knapp vor dem Gasthof »Zum Bergführer« erreicht. Zum Gasthaus in **Sertig Dörfli (5)** und nach einer gemütlichen Einkehr mit dem Ortsbus (Linie 8) zurück nach Davos-Platz.

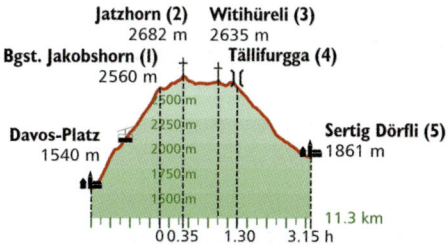

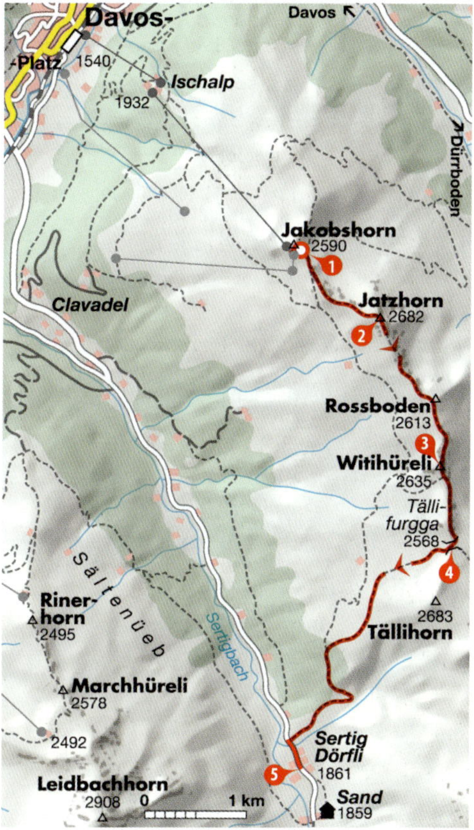

Auch für Kinder kein Problem!

Von der Bergstation der Gondelbahn hat man bereits eine prächtige Aussicht – von der felsigen Amselflue bis zur Weissfluh. Noch eindrucksvoller sind in dieser Hinsicht der Aufstieg und der Gipfel selbst. Für Kinder (in Begleitung bergerfahrener Eltern) ist die kurze und anregende Wanderung gut geeignet. Sie werden sich nicht nur über den abwechslungsreichen Weg und den Gipfelsieg freuen, sondern auch über viele Murmeltiere sowie die originellen Spielgeräte und den Streichelzoo nach der Rückkehr zur Bergstation.

Talort: Davos-Platz, 1540 m.
Ausgangspunkt: Bergstation »Jatzmeder«, 2053 m. Von der Station Davos-Platz (Bahnstation) mit dem Ortsbus (Linie 7) oder der Rhätischen Bahn zur Talstation der Rinerhornbahn (1455 m) im Ortsteil Glaris. Natürlich auch mit dem PKW, große Parkplätze. Mit der Gondelbahn zur Bergstation.
Höhenunterschied: 530 m. Zusätzlich kleine Gegensteigungen.

Anforderungen: Trittsicherheit auf teilweise schmalen und steilen Bergwegen erforderlich.
Einkehr: Erst am Ende der Bergwanderung im Bergrestaurant Jatzmeder (Sonnenterrasse, Spielgeräte und Streichelzoo für Kinder).
Variante: BLAU (in der Schweiz GELB!) Zu Fuß von Jatzmeder zur Talstation. Wer sich nicht ausgelastet fühlt, kann bequem in 1.15 Std. nach Glaris absteigen.

Von der Talstation der Rinerhornbahn zur **Bergstation (1)**. Hinter dem Zaun des Streichelzoos zu einer Wegtafel aufsteigen. Hier biegen wir scharf nach links ab und erreichen die **Senke (2)**, 2266 m, zwischen Hubel, 2281 m, und

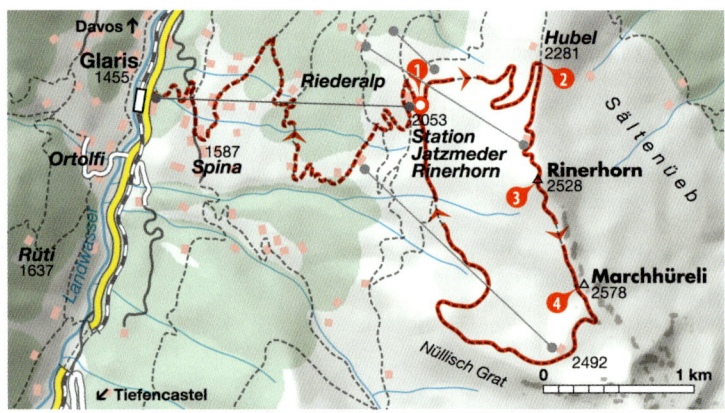

Rückblick auf den Hubel, im Tal Davos-Platz. Darüber ist die Schatzalp gut zu sehen.

Rinerhorn (3), zu dem man nun über den aussichtsreichen, steilen Rücken aufsteigt. Mit einiger Geduld kann man nicht nur den Bau vieler Murmeltiere sehen und ihre Pfiffe hören, sondern die munteren Tiere auch beobachten. Auf dem Gipfel erwarten uns mehrere Steinmänner, eine sorgfältig aufgeschichtete Schutzmauer aus Steinen – und eine prachtvolle Aussicht.

Nach der Gipfelrast verfolgen wir den Gratrücken zu einer Einsattelung vor dem **Marchhüreli (4)**, das trittsichere Bergwanderer in wenigen Minuten ersteigen können. Von nun ab geht es eindeutig bergab. Wir queren eine Geröllflanke und wandern in weitem Bogen unterhalb des Nüllischgrats, eine Lifttrasse kreuzend, zur **Bergstation Jatzmeder (1)** zurück.

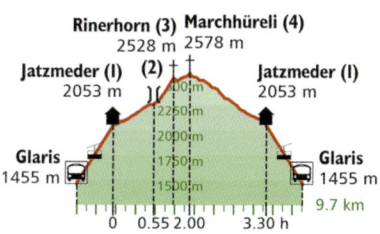

Zwei Aussichtsgipfel und weitere Attraktionen

Das Schiahorn ist kein bedeutender Gipfel, aber weithin zu sehen und an den auffallenden Lawinenverbauungen eines Vorgipfels gut erkennbar. Als der Sessellift noch von der Schatzalp zum Strelapass führte, war der Aufstieg kurz und gut geeignet, um Kinder mitzunehmen, wobei jüngere Kinder auf den steilen Hängen gesichert werden mussten. Lustig war dann für sie die Belohnung für die Anstrengung: eine Fahrt mit der Sommer-Schlittelbahn Schatzalp. Auch das »Alpinum« (3500 Pflanzenarten!) ist einen Besuch wert. Zumindest für Erwachsene ist das Schiahorn empfehlenswert, auch wenn der Aufstieg jetzt ziemlich anstrengend ist. Gründe sind nicht nur der ansehnliche Gipfel und die schöne Aussicht (durch die vorgeschobene Lage), sondern auch die guten Chancen, Steinböcke zu beobachten. Die Strela lässt sich mit geringem zeitlichen Mehraufwand »mitnehmen«. Für namenkundlich Interessierte: »Strela« leitet sich ab vom romanischen »stria« = Hexe.

Talort: Davos-Platz, 1540 m.
Ausgangspunkt: Schatzalp, 1861 m. Von der Station Davos-Platz mit dem Ortsbus oder zu Fuß (15 Min.) zur Talstation der Standseilbahn Schatzalp. Mit der traditionsreichen Bahn zur Bergstation.

Höhenunterschied: 1140 m. Dazu kleine Höhenverluste bzw. Gegenanstiege.
Anforderungen: Der steile Aufstieg zum Schiahorn erfordert Trittsicherheit und Schwindelfreiheit.
Einkehr: Strelapass und Strelaalp.

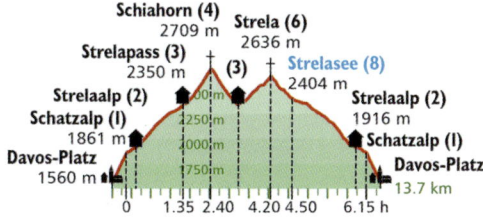

Das Restaurant Strelapass, Ausgangspunkt für Schiahorn und Strela.

Von der Talstation der Schatzalpbahn zur **Bergstation Schatzalp (1)**. Auf gutem Weg zur **Strelaalp (2)** und weiter über den Strelaberg in den gleichnamigen **Pass (3)**, einem früher bedeutenden Übergang nach Langwies im Schanfigg. Kurz vorher zweigt der Anstieg zum Gipfel ab. Er quert zunächst die steile Flanke in der Richtung zum Südrücken und führt über diesen zum Gipfel des **Schiahorns (4)**. Vom Südrücken kann man in der Ostflanke häufig Steinböcke beobachten.

Der Abstieg führt zunächst zurück zum **Strelapass (3)**. Nun aber steigt man zum Rücken auf, der von der Strela abzieht, und verfolgt ihn über einen **Vorgipfel (5)** bis zum höchsten Punkt der **Strela (6)**. Kurzzeitig steil über den Südgrat absteigen, dann gemütlich weiter zu einer **Kuppe (7)** und zum kleinen **Strelasee (8)**, 2404 m. Eine Mulde querend, erreicht man den Strelaberg und wenig später den Anstiegsweg, auf dem man zur **Schatzalp (1)** zurückkehrt.

Schiahorn (4)
2709 m

Strela (6)
2636 m

Strelapass (3)
2350 m

(3)

Strelasee (8)
2404 m

Strelaalp (2)

Strelaalp (2)
1916 m

Schatzalp (I)
1861 m

Schatzalp (I)

Davos-Platz
1560 m

Davos-Platz

1250 m
1000 m
750 m

13.7 km

0   1.35 2.40   4.20 4.50   6.15 h

Übergang, Rundwanderung oder Gipfel?

Vor dem Bau der Rhätischen Bahn und dem Ausbau des Straßennetzes verband die Latschüelfurgga Davos mit dem Hochtal von Arosa. Die einstmals wichtige Handelsverbindung ist heute ein beliebter Wanderweg. Die in alten Zeiten gefürchtete Steilstufe beim »Tritt« ist durch eine Holztreppe (220 Stufen!) und ein Drahtseil abgesichert – keine Schwierigkeit mehr für trittsichere und schwindelfreie Bergwanderer. Der Weg vom Tritt zur Alpsiedlung Medergen zieht sich ein wenig, dafür kann man sich im Berghaus Alpenrose in der Alpsiedlung Medergen erholen. Die Rückkehr von Langwies nach Davos ist mit der Rhätischen Bahn problemlos möglich. Man kann aber auch in Langwies nächtigen und am nächsten Tag über die Schwifurgga zurückkehren – insgesamt eine großzügige Rundwanderung! Wer einen eindrucksvollen Gipfel vorzieht und über die entsprechende Bergerfahrung verfügt, für den ist die Mederger Flue ein lohnendes Ziel.

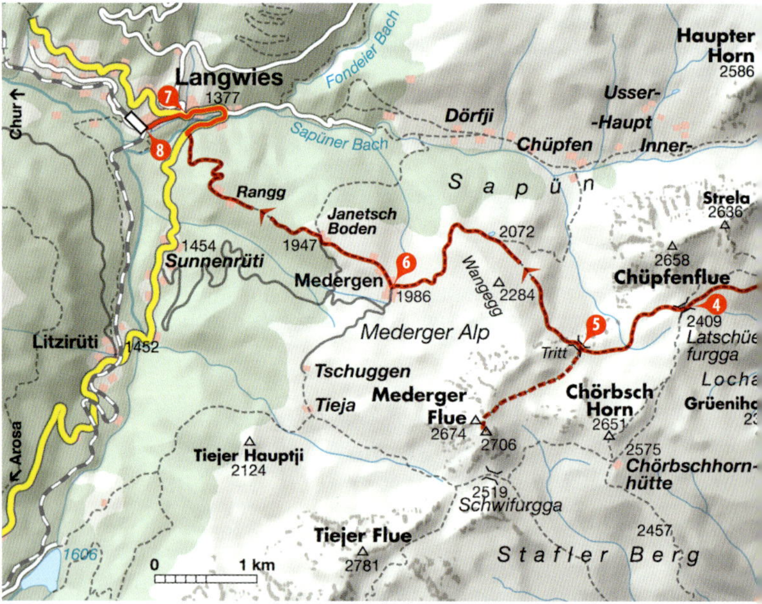

Talort: Davos-Platz, 1540 m.

Ausgangspunkt: Schatzalp, 1861 m. Von Davos-Platz (Bahnstation) mit dem Ortsbus zur Talstation der Standseilbahn Schatzalp und zur Bergstation.

Höhenunterschied: 550 m im Aufstieg, 1100 m im Abstieg. Zusätzlich kleine Höhenverluste bzw. Gegenanstiege.

Anforderungen: Die Bergwanderung erfordert Trittsicherheit, Schwindelfreiheit und Ausdauer.

Einkehr: Gasthof Alpenrose in der Alp-siedlung Medergen.

Variante: SCHWARZ Mederger Flue, 2706 m. Leichte Kletterei, Wegspuren, nur für geübte Bergsteiger mit Kletterer-fahrung und Orientierungssinn! Kurz vor dem Tritt links in ein Talbecken. Durch das Steinig Tälli zur Ostflanke und etwas mühsam zum Nordgrat aufsteigen. Über einen Vorgipfel erreicht man schließlich in leichter Gratkletterei den höchsten Punkt (Steinmann, Gipfelbuch). 1.30 Std. von der Abzweigung, hin und zurück 2.30 Std.

Von der Talstation Schatzalp zur Bergstation **Schatzalp (1)**. Von hier nach rechts, über den Gugerbach und durch den Wald, dann über Alpwiesen zur **Podestatenalp (2)**, 1987 m. Nun in vielen Kehren zum **Schönboden (3)** und weiter, schließlich in ansteigender Querung in flaches Gelände und in die **Latschüelfurgga (4)**, 2409 m.

Im Abstieg von der Medergenflue zur Latschüelfurgga. Im Hintergrund die Weissfluh.

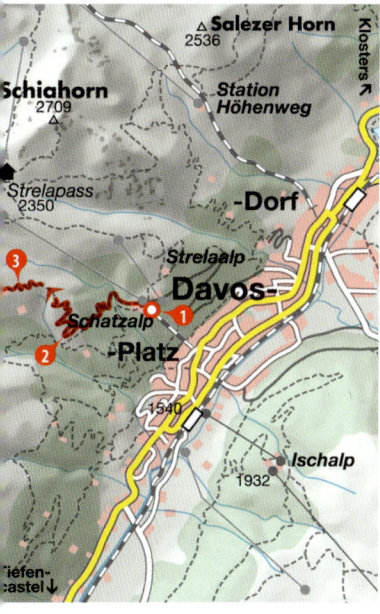

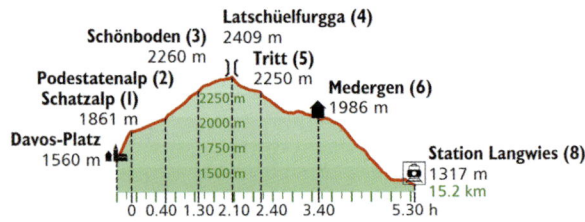

Blick von der Medergenflue auf die Alpsiedlung Medergen.

Von hier führt unser Weg mit geringem Gefälle zur früher gefürchteten, heute aber mit einem Drahtseil gesicherten und mit einer Holztreppe erleichterten »Schlüsselstelle« unserer Wanderung, dem **Tritt (5)**. Man wandert nach dieser Steilstufe unterhalb eines Kammes (Wangegg) hinaus, bis man – schon nahe der Waldgrenze – diesen Kamm überschreiten kann. Wenig später erreicht man etwas absteigend die Alpsiedlung **Medergen (6)**, 1986 m, mit dem Berggasthof Alpenrose.
Von Medergen wandert man nun über einen sanften Rücken zu den Hütten von Boden, 1947 m. Weiter im Wald bzw. auf einer Lichtung recht zügig ab-

Latschüelfurgga (4) 2409 m
Schönboden (3) 2260 m
Tritt (5) 2250 m
Podestatenalp (2) Medergen (6) 1986 m
Schatzalp (I) 1861 m
Davos-Platz 1560 m
Station Langwies (8) 1317 m
15.2 km
2250 m
2000 m
1750 m
1500 m
0 0.40 1.30 2.10 2.40 3.40 5.30 h

wärts. Knapp vor der Brücke über den Sapüner Bach stößt man auf die Fahrstraße von Arosa nach Chur, kann aber nach der Brücke noch einmal auf einen Fußweg neben der Fahrbahn ausweichen, bevor man **Langwies (7)** erreicht. Ein Dorfrundgang ist empfehlenswert. Neben der Reformierten Kirche aus dem 15. Jh. (innen gotische Wandbilder) gibt es auch schöne alte Walser Häuser zu sehen.

Zur **Station Langwies (8)**, 60 Hm unterhalb des Dorfes, und mit der Rhätischen Bahn über Chur und Landquart nach Davos zurück.

Rechts: Die sehenswerte Kirche von Langwies.
Unten: Gotisches Netzrippengewölbe in der Kirche von Langwies.

Höhenwanderung auf der Sonnseite des Landwassertals

Bergwanderungen in der Landschaft Davos führen zumeist in größere Höhen, da ja bereits die Stadt Davos über 1500 m hoch gelegen ist. Diese Alpwanderung ist in diesem Falle eine geeignete Ausweichmöglichkeit bei unsicherem Wetter, zumal es unschwierige Abbruchmöglichkeiten gibt: von der Grüenialp nach Davos-Platz oder von der Stafelalp nach Frauenkirch (Wanderweg oder Fahrweg). Für gehtüchtige Kinder geeignet, wenn sie nicht schon bei der Schatzalp durch die Sommer-Rodelbahn daran gehindert werden ... Bei der Stafelalp stellen immer wieder Künstler ihre Werke aus, wohl eine Tradition, die auf den berühmten Maler Kirchner zurückgeht, der sich oft hier aufgehalten hat. Die Wanderung kann man auch in umgekehrter Richtung, also von Glaris zur Schatzalp, unternehmen (etwa 30 Min. länger).

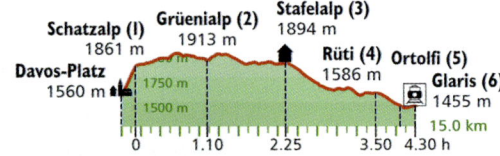

Talort: Davos-Platz, 1540 m.
Ausgangspunkt: Schatzalp, 1861 m. Von Davos-Platz (Bahnstation) mit dem Ortsbus zur Talstation der Standseilbahn Schatzalp und zur Bergstation.
Höhenunterschied: 200 m im Aufstieg, 620 m im Abstieg. Zusätzlich kleine Höhenverluste bzw. Gegensteigungen.
Anforderungen: Unschwierige, mitunter etwas steinige Wanderwege durch Wald und über Alpweiden. Keine größeren Anstiege, daher wenig anstrengend.
Einkehr: Berghaus Stafelalp.

Von der Talstation der Standseilbahn zur **Schatzalp (1)**. Weiter zum »Alpinum«, dann auf gutem Weg über Wiesen und durch lichten Wald

Die markante Kirche Glaris-Ortolfi (bereits 1350 errichtet) am Ende unserer Tour.

38 ~~44~~ 39, 40, 41, 42, 43, 44

31, 32, 33

26, ~~27~~, 28

8

16

~~20~~

2

FREITAG **29** JULI

„Das Gedächtnis ist für alle
Tätigkeiten der Vernunft
notwendig."

Blaise Pascal

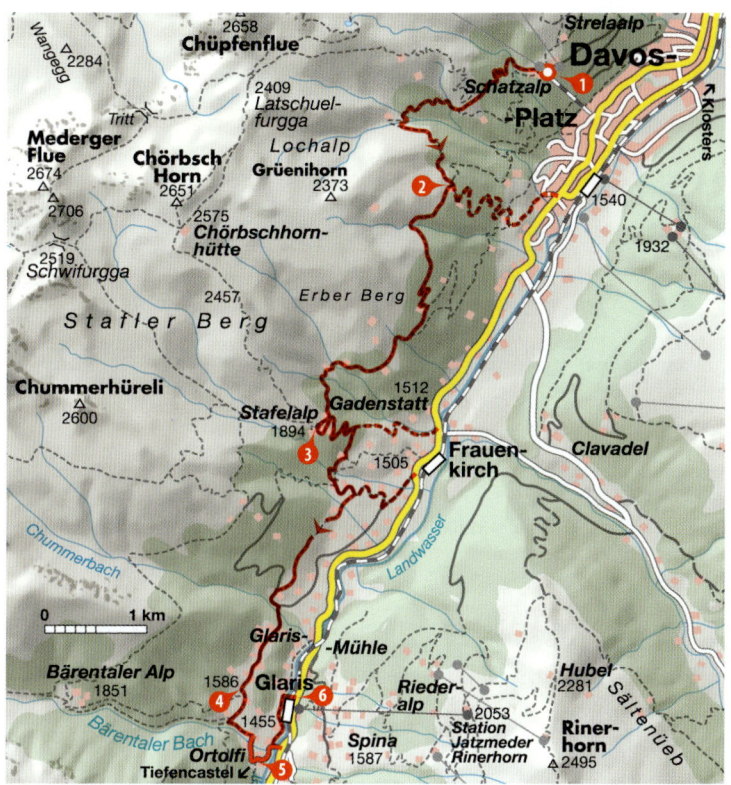

zur **Grüenialp (2)**. Nach der Alp steigt der Weg an und man kreuzt das Bachbett des Bildjibaches. Weiter an den Erbalpen vorbei zum Berghaus **Stafelalp (3)**, einem Lieblingsplatz des Malers Kirchner. Auf dem Fahrsträßchen Richtung Frauenkirch hinunter, dann aber nach rechts zum Sutzibach und über die Brücke. Kurz auf der Fahrstraße, dann auf dem Weg unterhalb des Waldes bis zum Chummerbach queren. Über **Rüti (4)** und den flachen Hitzenboden zum Bärentaler Bach und diesen entlang hinunter nach **Glaris-Ortolfi (5)**. An der viel fotografierten Kirche vorbei zum Landwasser und zur Brücke. Nun entweder (kürzer) über die Brücke und nach rechts zum Ortsbus oder vor der Brücke nach links in 10 Min. zur **Station Glaris (6)** der Rhätischen Bahn.

Beliebtes Gipfelziel über Frauenkirch

Das Chörbschhorn ist ein lohnender, aussichtsreicher Gipfel. Die Rundwanderung ist abwechslungsreich, auch für gehtüchtige Kinder geeignet, insbesondere wenn man im gemütlichen Berggasthaus »Stafelalp« nächtigt. Das Berghaus ist durch den bedeutenden Maler Ernst Ludwig Kirchner bekannt geworden, der hier gerne gearbeitet hat. Ein bekanntes Werk Kirchners ist z. B. die »Stafelalp bei Mondschein«. Wohl in Erinnerung an diese Vergangenheit werden heute Werke moderner Künstler auf der Stafelalp ausgestellt.

Talort: Davos-Platz, 1540 m.
Ausgangspunkt: Gadenstatt am Beginn von Frauenkirch, einem Ortsteil von Davos, 1505 m. Anreise mit PKW, Bahn oder – empfehlenswert – mit dem Ortsbus (Haltestelle Gadenstatt).
Höhenunterschied: 1150 m. Dazu kleine Höhenverluste bzw. Gegenanstiege.
Anforderungen: Teilweise steiler und gerölliger Weg, für den Trittsicherheit erforderlich ist.
Einkehr: Berghaus Stafelalp, ganzjährig geöffnet, Tel. +41/81/4136631.

Gegenüber der **Bushaltestelle (1)** zweigt unser Weg ab (Hinweisschild). Neben dem Frauenbach auf einem Sträßchen, rechts an der berühmten Kirche mit dem Lawinenkeil vorbei aufsteigen. Die Kirche wird bereits 1466 erwähnt als »ze unser frowen«, daher »Frauenkirch«. Man erreicht sie vom **Fahrweg (2)** in wenigen Minuten auf einem Weglein – Besuch lohnend. Nun nach links

Stafelalp und der Anstieg auf das Chörbschhorn sind auf diesem Bild gut zu sehen.

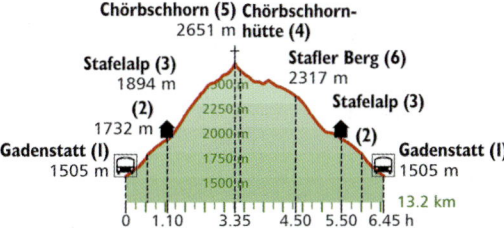

auf schmalem Pfad steil erst über Wiesen und durch Wald zu einem Fahrweg, der uns zur **Stafelalp (3)** führt – mehrere malerische Alphütten und der Berggasthof Stafelalp. Nun ohne Orientierungsschwierigkeiten über den zunächst breiten, dann zunehmend schmalen Rücken, um einen Grataufschwung herum, zur **Chörbschhornhütte (4, 2575 m)**, einem stets geöffneten Unterstand. Wenig später steht man auf dem **Chörbschhorn (5)**, 2651 m.

Der Abstieg führt zunächst zurück zur **Hütte (4)**, dann aber rechts in weitem Bogen durch eine Mulde zum Weg, der von der Stafelalp zur Schwifurgga (Übergang nach Arosa) führt. Hier nach links parallel zum Anstieg, aber auf der anderen Seite des Sutzibaches über den Rücken des **Stafler Berges (6)** absteigen. Schließlich über den Sutzibach, zurück zur **Stafelalp (3)** und auf dem Anstiegsweg zurück zum **Ausgangspunkt (1)**.

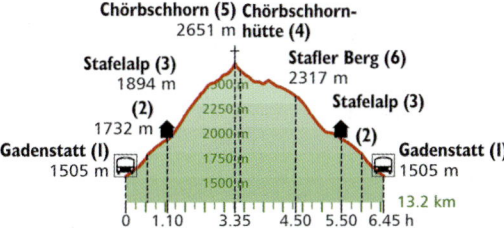

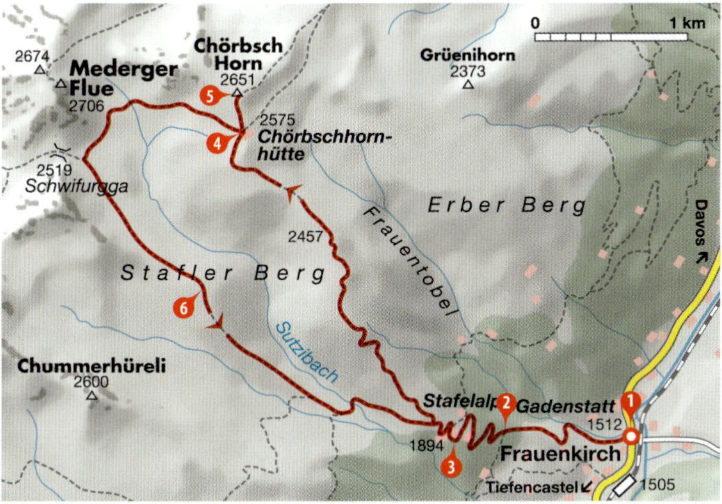

Großartige Rundwanderung!

Die Maienfelder Furgga verbindet die beiden berühmten Tourismusstationen Davos und Arosa. Der Übergang nach Arosa ist jedoch mit einer umständlichen und zeitaufwändigen Rückkehr mit der Rhätischen Bahn verbunden. Das vermeidet unsere Rundwanderung, die in großer Höhe von der Maienfelder Furgga über das Tiejer Fürggli zur Schwifurgga führt – ungemein aussichtsreich mit Höhepunkten im wörtlichen und im übertragenen Sinne.

Bis zur Maienfelder Furgga sind nicht nur viele Wanderer, sondern auch Radfahrer unterwegs. Großartig ist das Erreichen der Scharte, wenn sich plötzlich der Blick nach Westen öffnet. Nun wird der Weg einsamer, aber auch anspruchsvoller. Erst nach der Schwifurgga wird es belebter, noch mehr im letzten Teil der Wanderung beim Abstieg von der Stafelalp nach Frauenkirch. Bei der Stafelalp wird man nicht versäumen, eine wohl verdiente Rast einzulegen und im gemütlichen Berghaus einzukehren.

Natürlich kann man auch – ohne Orientierungsschwierigkeiten – in 3 Std. von der Maienfelder Furgga nach Arosa absteigen und mit der Rhätischen Bahn (Umsteigen in Chur und in Landquart) nach Davos zurückkehren.

In der Maienfelder Furgga mit malerischem Seelein und dem markanten Schiesshorn.

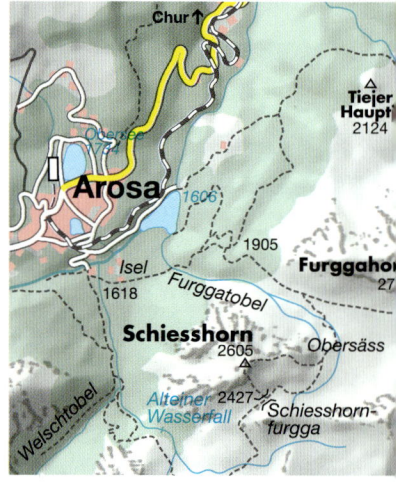

Die noch recht ursprüngliche Chummeralp liegt aussichtsreich über dem Chummertälli.

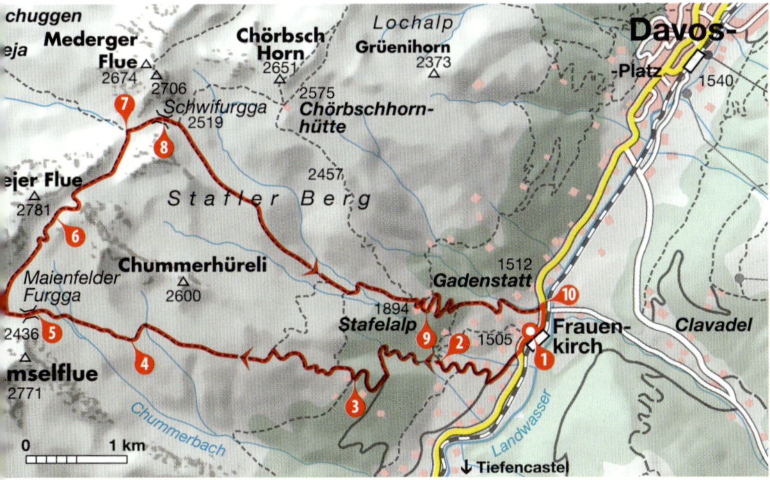

chuggen
eja

Mederger
Flue △ 2674
△ 2706

Chörbsch
Horn
2651

Lochalp

Grüenihorn
2373

Davos-
Platz

1540

7

Schwifurgga
2519

2575
Chörbschhorn-
hütte

8

ejer Flue
△ 2781

S t a f l e r   B e r g

2457

6

Chummerhüreli
△ 2600

1512
Gadenstatt

Maienfelder
Furgga

2436 5

1894
Stafelalp

9

10

4

2

1505

Frauen-
kirch

1

Clavadel

mselflue
2771

3

Chummerbach

Landwasser

0   1 km

↓ Tiefencastel

131

Talort: Davos-Platz, 1540 m.
Ausgangspunkt: Frauenkirch, 1505 m.
Zum Ortsteil Frauenkirch mit PKW, Rhätischer Bahn – besonders empfehlenswert – mit dem Ortsbus unmittelbar bis zu unserem Ausgangspunkt, dem Gasthof Landhaus in Frauenkirch.
Höhenunterschied: 1360 m im Auf- und im Abstieg.
Anforderungen: Teils breite Wege und Fahrsträßchen, teils raue und auch steile Bergpfade. Trittsicherheit erforderlich.
Einkehr: Erst gegen Ende der Bergwanderung im Berghaus Stafelalp, 1894 m, ganzjährig geöffnet, Tel. +41/81/4136631.

Die Tiejer Flue am Weg zur Schwifurgga.

Von der Haltestelle **Frauenkirch-Landhaus (1)** des Ortsbusses auf einem Fahrsträßchen in vielen Kehren zu den letzten Häusern und zum **Ende des Fahrweges** (**2**, Lengmatta, hierher auch mit dem PKW, doch kein Vorteil, weil Rückkehr nach Frauenkirch-Gadenstatt). Weiter ansteigen, dann nach links queren und zu den vielen Hütten der **Chummeralp (3)**. Über das Alpgelände ansteigend zum **Chummerberg (4)** queren. Weiter in sanftem Gelände, zuletzt mit sehr mäßigem Höhengewinn in die **Maienfelder Furgga (5)**, die breite Einsattelung zwischen dem Furggahorn (2727 m) und der Amselflue (2771 m); Unterstandshütte.

Eine Einkehr in der Stafelalp ist empfehlenswert, auch wenn die Tour nun bald zu Ende ist.

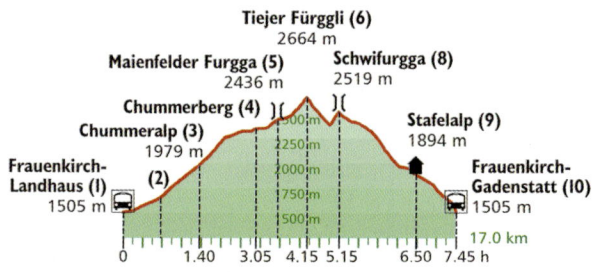

Seelein mit Wollgras beim Abstieg von der Schwifurgga nach Frauenkirch.

Über einen etwas sumpfigen Boden, dann ziemlich steil ins **Tiejer Fürggli (6)** hinauf. Nach gut 100 m Abstieg steigt man wieder auf und erreicht eine **Wegverzweigung (7)**. Nach links ginge es über die Tiejer Alp nach Arosa. Wir halten uns rechts und erreichen die **Schwifurgga (8)**. Über den Stafler Berg steigen wir zur **Stafelalp (9**, Einkehr, auch Nächtigung möglich) ab. Der letzte Teil des Abstiegs führt zunächst auf einem Fahrweg bis zu einer Kehre. Ab hier auf einem Fußweg neben dem Frauenbach, nahe dem berühmten Kirchlein (Besuch empfehlenswert) zur Talstraße, die man bei der Haltestelle **Frauenkirch-Gadenstatt (10)** des Ortsbusses erreicht.

Prachtgipfel für konditionsstarke Bergwanderer!

Das Valbellahorn ist ein formschöner Gipfel, der nahezu von allen hohen Wanderzielen in der Landschaft Davos gut sichtbar ist. Die Aussicht ist großartig, insbesondere der Blick in die Bernina Alpen. Leicht zu haben ist das Valbellahorn allerdings nicht, schon gar nicht auf unserer Rundwanderung mit dem steilen Anstieg zum Alteingrat. Etwas leichter und kürzer wird die Tour, wenn man über die Bärentaler Alp nicht nur ab-, sondern auch aufsteigt.

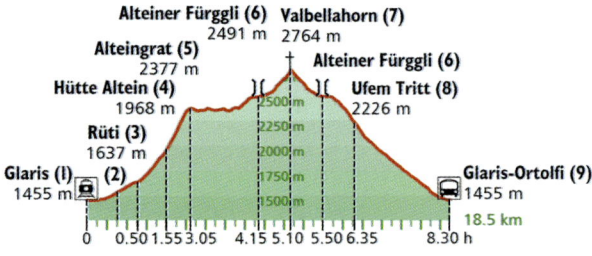

Talort: Davos-Platz, 1540 m.
Ausgangspunkt: Glaris, 1455 m. Von Davos-Platz mit der Rhätischen Bahn, dem Ortsbus oder dem PKW nach Glaris.
Höhenunterschied: 1430 m.

Anforderungen: Lange und anstrengende Bergwanderung. Steile Abschnitte, mitunter nur Wegspuren. Bergerfahrung, Trittsicherheit und ausgezeichnete Kondition erforderlich.
Einkehr: Erst am Ende in Glaris.

Vom **Bahnhof Glaris (1)** am rechten Ufer (oder kürzer von der Endstation Glaris-Ortolfi des Ortsbusses, 9) über die Brücke nach Glaris. Durch den Ort bis zu einer Abzweigung aufsteigen. Über den Bärentaler Bach und auf breitem Alpweg zu einer **Wegverzweigung (2)**. Nach links über ein Brücklein (Hinweisschild »Altein«). Der Weg mündet in ein Alpsträßchen, das nach **Rüti (3)** führt. Kurz vor der Alp auf einem Wanderweg nach rechts in den Wald (»Butziwaldji«). Steil zur Waldgrenze und zur Hütte **Altein (4)**. Weiterhin steil über den Nordostrücken zum **Alteingrat (5)**. In leichtem Auf und Ab zur Hochfläche von Altein und zum **Alteiner Fürgg-**

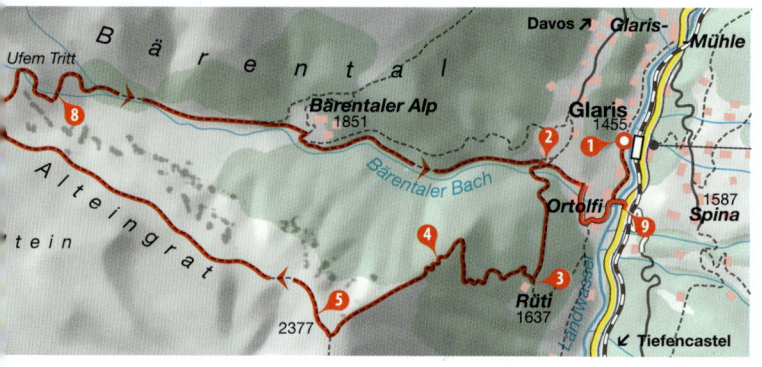

Aufstieg über den Alteingrat und Abstieg durch das Bärental sind hier gut zu sehen.

li (**6**; Hüttchen, früher Jausenstation, jetzt privat). Zum Gipfel führen deutliche Wegspuren. Über Rasen und Schutt steigen wir auf zum **Valbellahorn** (**7**, kleiner Steinmann, Gipfelbuch).
Der Abstieg folgt bis unterhalb des Fürgglis dem Aufstieg. Nun aber nach links und über eine Steilstufe – »**Ufem Tritt**« (**8**) – ins Bärental. Auf der linken Talseite zur **Bärentaler Alp**. Man folgt nun einem breiten Alpweg oder dem Steig neben dem Bärentaler Bach nach Glaris-Ortolfi. Durch das Dorf, an der eindrucksvollen Kirche vorbei zur Brücke und zum **Ortsbus (9)**. Mit dem Bus zurück nach Davos-Platz..

135

46 Über den Jenisberg nach Wiesen

4.45 Std.

Spannender Umweg durch das Drostobel

Jenisberg hatte als »Silberberg« in früheren Zeiten große wirtschaftliche Bedeutung und ist heute ein schönes Wandergebiet. Von Jenisberg, einem Ortsteil von Filisur, könnte man unmittelbar nach Wiesen absteigen. Der Umweg durch das Drostobel lohnt jedoch ungemein: seit 2007 führt eine spektakuläre Weganlage durch das wilde Drostobel.

Talort: Davos-Platz, 1540 m.
Ausgangspunkt: Monstein, 1636 m. Ortsteil von Davos. Auf gut ausgebauter Bergstraße mit dem PKW oder (besser) dem Ortsbus (Linie 10, Abfahrt bei der Station Glaris) nach Monstein. Parkplatz am Ortsanfang, Bushalt im Zentrum.
Höhenunterschied: Durch zahlreiche Höhenverluste und Gegensteigungen etwa 400 m im Auf- und 800 m im Abstieg.
Anforderungen: Wege unterschiedlicher Schwierigkeit, von Fahrsträßchen bis hin zu schmalen und steilen Fußwegen. Trittsicherheit und Schwindelfreiheit erforderlich.
Einkehr: »Gässälibeiz« in Jenisberg.
Variante: Start nach Jenisberg in Wiesen. Rund 1 Std. kürzer.

Überquerung des Drostobels auf dem Weg zum Schönboden. Unten links der Wiesner Viadukt, hoch über dem Talboden das Dorf Wiesen.

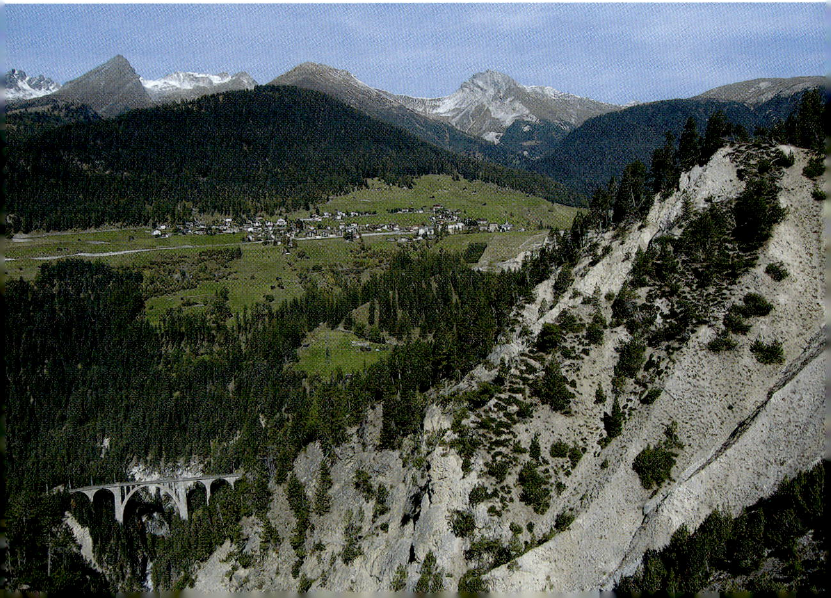

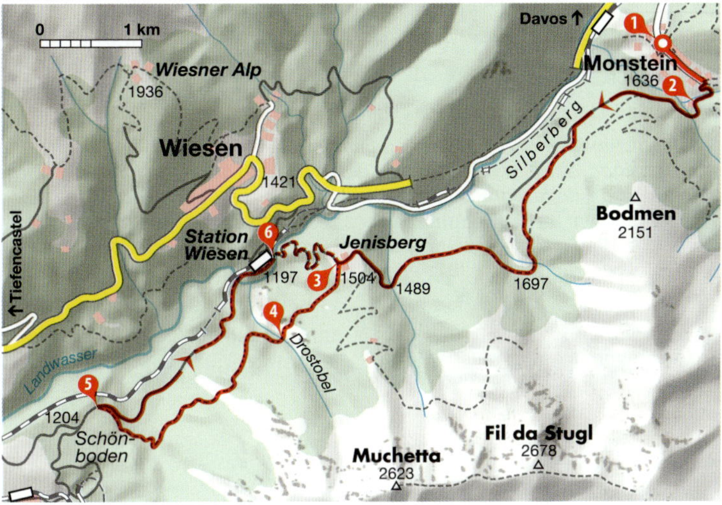

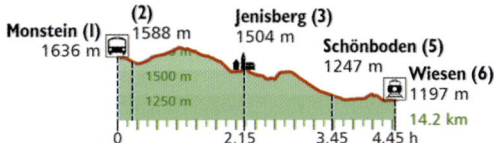

Vom Parkplatz oder der **Bushaltestelle (1)** zum Dorfende. Hier zweigt man nach rechts ab. Auf einem Fahrsträßchen geht man zum Oberalpbach hinunter. Über die Brücke und an einer **Säge (2)** vorbei zum und über den Inneralpbach. Weiter durch den Wald leicht abwärts in das **Chüetobel**, das man durchquert. Schließlich erreicht man über ein Fahrsträßchen **Jenisberg (3)**, einen kleinen Weiler mit hübschem Kirchlein und Einkehrmöglichkeit.

Unterhalb des Kirchleins verzweigen sich die Wege. Wir halten uns links und queren zum Beginn des **Drostobels (4)**. Auf einer eindrucksvollen Weganlage geht es durch das Drostobel. Auf einen kurzen Aufstieg folgt eine lange Wegstrecke, die nach einigem Auf und Ab schließlich auf dem **Schönboden (5)** endet. Bequem wandern wir auf einem naturkundlichen Lehrpfad zur Haltestelle **Wiesen (6)**. Im letzten Wegabschnitt vor Wiesen gehen wir auf einem Fußweg neben den Gleisen der Bahn über eine eindrucksvolle Bogenbrücke, den Wiesner Viadukt, mit 88 m Höhe und 210 m Länge ein eindrucksvolles Bauwerk! – Rückkehr zum Ausgangspunkt mit Bahn und Ortsbus.

Großartige Überschreitung für erfahrene Bergwanderer

Von Monstein über den Mäschenboden zum Büelenhorn auf- und nach Wiesen absteigen, das ist wahrlich eine Überschreitung der Superlative, die allerdings alpine Erfahrung und eine gute Kondition erfordert. Das Monsteiner Büelenhorn liegt an der Südgrenze der Landschaft Davos. Von ihm kann man deshalb auch nach Stugl (oberhalb von Bergün im Albulatal) absteigen. Unser Gipfel wird verhältnismäßig wenig besucht, man kann daher in Ruhe den Panoramablick genießen.

Talort: Davos-Platz, 1540 m.

Ausgangspunkt: Monstein, 1636 m. Hierher mit dem PKW, wegen der Rückkehr aber besser mit dem Ortsbus (Linie 7, ab Glaris Linie 10). Ortsbus hält im Dorf, vom Parkplatz 10 Min.

Höhenunterschied: 1400 m im Aufstieg, 1840 m im Abstieg.

Anforderungen: Keine besonderen Schwierigkeiten, jedoch teilweise steile und raue Bergwege. Trittsicherheit und alpine Erfahrung erforderlich, wegen der Länge der Tour auch eine gute Kondition.

Einkehr: »Gässelibeiz« in Jenisberg, Haltestelle Wiesen (Restaurant »Bim Bahnhöfli«).

Von der Haltestelle in **Monstein (1)** zu einer **Wegverzweigung (2)**. Hier nach rechts und auf breitem Weg durch den Wald. Nach der Waldgrenze an der Laubenenalp (bleibt links von uns) vorbei zur **Inneralp (3)**, 1877 m. Weiter zur kleinen Alpsiedlung **Mäschenboden (4)**, 1993 m. Eindrucksvoll der Mäschengrat, der von unserem Gipfel bis zum auffallenden Chrummhüreli

Kurz vor dem Gipfel. Vorne Stulsergrat, hinten Lenzerhorn und (mit Gletscher) Tödi.

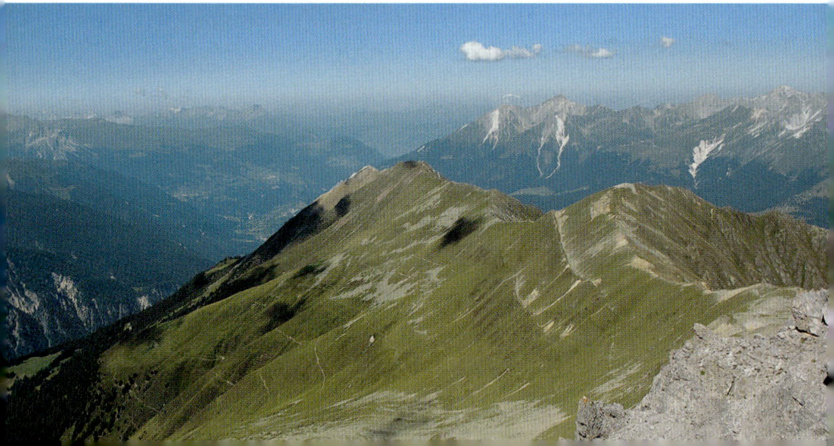

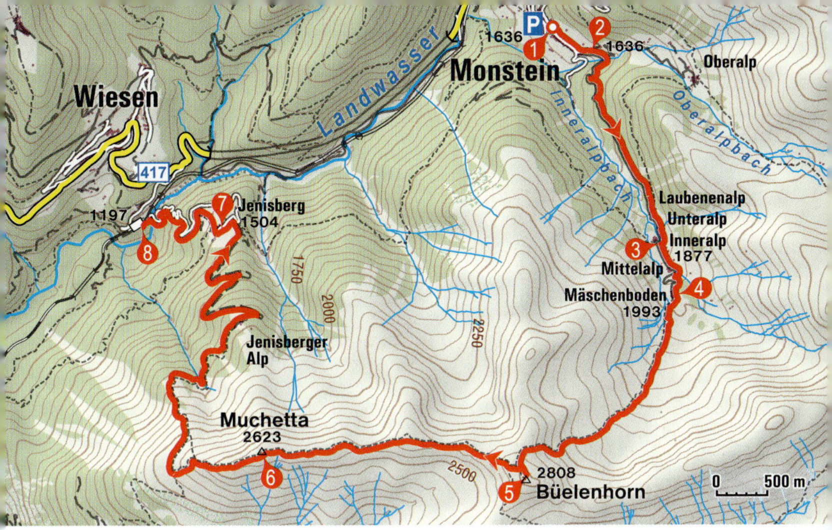

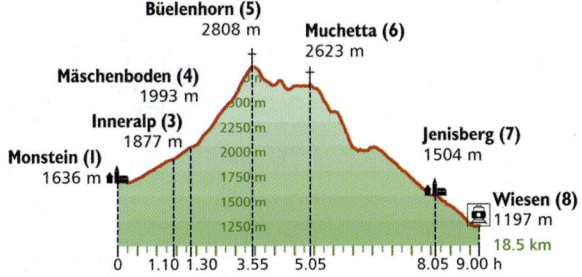

zieht. Nun über Alpwiesen in wechselnder Steilheit, dann ziemlich steil zum Gratrücken und nach links zum Gipfelkreuz des **Monsteiner Büelenhorn (5)**, 2808 m. Großartige Aussicht!

Kurz zurück auf dem Anstiegsweg, dann links halten. In leichtem Auf und Ab über den Stulsergrat zur **Muchetta (6)**, 2623 m und zum Ende des Gratrückens. Der Abstieg führt uns in einem weiten Bogen auf etwa 2000 m hinunter. In einer längeren Querung erreichen wir die Jenisberger Alp, über einen bequemen Alpweg den aussichtsreichen Weiler **Jenisberg** (7, kleine Kirche, »Gässelibeiz«). Über einen teilweise in den Fels gesprengten Fahrweg hinunter ins Landwassertal und über die Brücke zur Haltestelle **Wiesen (8)**, 1197 m. Empfehlenswert: Besichtigung des Wiesner Viadukts.

Rückkehr mit der Bahn (Stundentakt) nach Davos.

139

48 Mäschenboden, 1993 m

Rundwanderung mit prächtigen Ausblicken

Mäschenboden ist eine reizvolle Alpsiedlung mit schönen Holzhütten. Bei der hier beschriebenen Runde handelt es sich um eine abwechslungsreiche Wanderung in mittlerer Höhenlage. Wegen der vielen schönen Rastplätze (wahlweise mit Bäumen, Bächen, Kletterfelsen) ist sie auch für erlebnishungrige und tatendurstige »Jungwanderer« geeignet. In Monstein sollte man die frühere Kirche besuchen (im Zentrum des Dorfes). Sie wurde nach dem Bau der neuen (etwas abseits auf einem Hügel) als Feuerwehrdepot verwendet, dann aber restauriert. Sie dient nun der Gemeinde als Versammlungsort, aber auch für Ausstellungen.

Talort: Davos-Platz, 1540 m.
Ausgangspunkt: Monstein, 1636 m. Ortsteil von Davos. Auf gut ausgebauter Bergstraße mit dem PKW oder mit dem Ortsbus (Linie 7 bis Glaris, ab hier Linie 10 bis Monstein). Parkplatz am Ortsanfang.
Höhenunterschied: 400 m. Zusätzlich kleine Höhenverluste bzw. Gegensteigungen.
Anforderungen: Wenig anstrengende Bergwanderung auf teils breiten, teils schmalen und rauen Alpwegen. Trittsicherheit erforderlich.
Einkehr: Erst am Ende der Bergwanderung in Monstein.

Von **Monstein** (**1**, Ortsbus) durch das Dorf zu einer Abzweigung. Hier links und zu den malerischen Hütten der **Oberalp** (**2**), 1913 m. Man gewinnt dabei einen zunehmend schönen Blick auf die gegenüberliegenden Gipfel, wie zum Beispiel den Sandhubel oder das Valbellahorn (Plessuralpen). Über eine Wiese steigt man zum Oberalpbach hinunter und taucht hinter der Brücke in den Wald ein. In einem weiten Bogen quert man dann in leichtem Auf und Ab den Ausläufer eines Gratrückens, der vom Chrachenhorn in Richtung Nordwesten zieht (»Rügg«). Bei der **Laubenenalp** (**3**),

Unbedeutend, aber eindrucksvoll: das Chrummhüreli vom Mäschenboden.

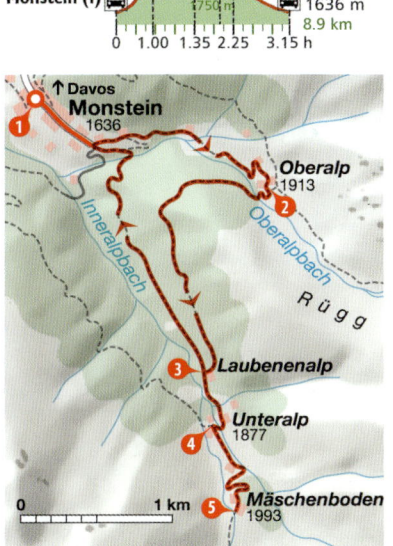

Unteralp, gepflegte Alpsiedlung vor dem Mäschenboden. Hinten der Mäschengrat.

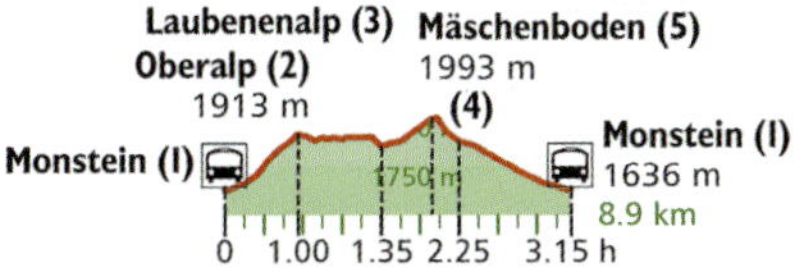

1850 m, stößt man dann auf den Fahrweg, der unmittelbar von Monstein heraufführt und uns später als Abstiegsweg dienen soll. Über die **Inneralp** (4, Unter- und Oberalp) erreichen wir schließlich die hübsche Alpsiedlung **Mäschenboden (5)**, 1993 m, mit ihren alten Holzhütten, einen schönen Rast- und Schauplatz.

Der Abstieg führt uns zur **Laubenenalp (3)** zurück. Hier halten wir uns links und wandern auf einem Alpsträßchen durch den Wald – mit schönen Durchblicken auf die Gipfel auf der anderen Talseite. Zuletzt wandern wir nach **Monstein (1)** hinunter, besuchen vielleicht noch mit geringem Umweg eine Ausstellung in der alten Kirche, und kehren schließlich zur Bushaltestelle bzw. zum Parkplatz zurück.

Laubenenalp (3)   Mäschenboden (5)
Oberalp (2)   1993 m
1913 m   **(4)**
Monstein (l)   Monstein (l)
                                    1636 m
                    1750 m   8.9 km
0   1.00 1.35 2.25 3.15 h

Durch das ursprüngliche Ducantal nach Sertig Dörfli

Die Überschreitung der Fanezfurgga von Monstein nach Sertig Dörfli bietet grundverschiedene Eindrücke. Zunächst einen Aufstieg über freundliche Alpböden mit großartigem Rückblick auf die besonnten Flanken des Valbellahorns und seiner Nachbarn, gefolgt vom Abstieg durch das unwirtliche, aber eindrucksvolle Ducantal. In Sertig Dörfli erlebt man neuerlich einen Wechsel: Der Talschluss ist ein sonnendurchflutetes weites Becken mit einer herrlichen Bergumrahmung.

Talort: Davos-Platz, 1540 m.
Ausgangspunkt: Monstein, 1636 m. Hierher mit dem PKW, besser aber mit dem Ortsbus. Bushaltestelle im Zentrum, Parkplatz vor dem Dorf.
Höhenunterschied: 950 m im Aufstieg, 720 m im Abstieg.

Anforderungen: Keine besonderen alpinen Schwierigkeiten, jedoch teilweise steile und raue Bergwege. Trittsicherheit erforderlich.
Einkehr: Erst am Ende der Wanderung in Sertig Sand oder Sertig Dörfli (Kurhaus bzw. Gasthof »Zum Bergführer«).

Von der **Haltestelle (1)** des Postautos wandert man durch das alte Walserdorf **Monstein**. Am Ortsende verzweigen sich die Wege. Wir halten uns links und steigen zur **Oberalp (2)** auf. Erst oberhalb des Oberalpbaches, dann im

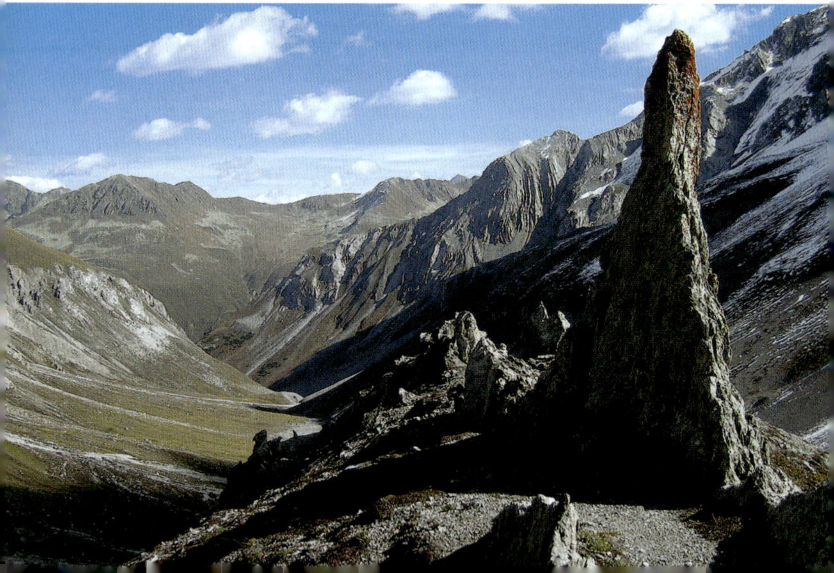

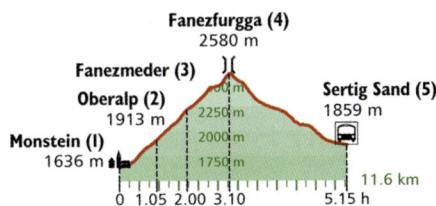

Bachtälchen zu den Alphütten der aussichtsreichen **Fanezmeder (3)**. Man folgt nun dem Hinweisschild »Fanezfurgga«, durchquert einen weiten Kessel (»Bodmen«) und erreicht ohne anstrengende Steilstufen die **Scharte (4)**. Großartiger Blick zu den Ducanen!

Auch der Abstieg ins Ducantal verläuft zunächst sanft, dann folgt eine kurze Steilstufe zu einem Felsenriff inmitten des Tales. Im Talboden sanft talaus. Allmählich verengt sich das Tal. Wir wandern im steilen Hang oberhalb des Ducanbaches und schließlich zum Bach. Das Tal endet kurz darauf mit einer Steilstufe (Wasserfall, Stichweg aus dem Talboden). Über eine Brücke und steil hinauf. Dann taucht man in den Lärchenwald ein, erreicht in steilem Abstieg den Talboden, die Abzweigung zum Wasserfall (Abstecher empfehlenswert) und kurz danach **Sertig Sand (5)**.

Mit dem Ortsbus (Linie 8) nach Davos-Platz.

Auffälliger Felszahn im Ducantal auf dem Abstieg nach Sertig Dörfli.

145

Interessante Belehrungen im Dreierpack

Eine kurze und abwechslungsreiche Wanderung, auf die man bereits Kinder im Vorschulalter getrost mitnehmen kann, wenn man sie auf die erste Etappe – von Monstein nach Wiesen – verkürzt. Gehtüchtigen Schulkindern kann man die ganze Wanderung zumuten, mit der Ruine Greifenstein als besonderer Attraktion. Und die »Belehrungen«? In der ersten Etappe gibt es zwei Lehrwege, schon lange den »Geologie-Lehrpfad«, neuerdings auch einen »Mobilitätsweg«. Der Geologie-Lehrpfad passt gut zum Schmelzboden, bei dem er beginnt. Hier gibt es das Bergbaumuseum Graubünden. Da wird aber nicht nur besichtigt, man kann auch selbst »pochen«, d. h. erzhaltiges Gestein zerschlagen, um anschließend das Erz vom tauben Gestein zu »scheiden«. Der Geologie-Lehrpfad stellt auf der Wanderung durch die Zügenschlucht Steine vor, benennt und erläutert sie. Der »Mobilitätsweg« nützt Straßen und Wege durch die Zügenschlucht, Brücken, Tunnels und Viadukte, um das Thema »Mobilität« anschaulich und sozusagen »vor Ort« zu erläutern und zum Nachdenken anzuregen. Dafür wählt er (neben Schautafeln) eine moderne Form,

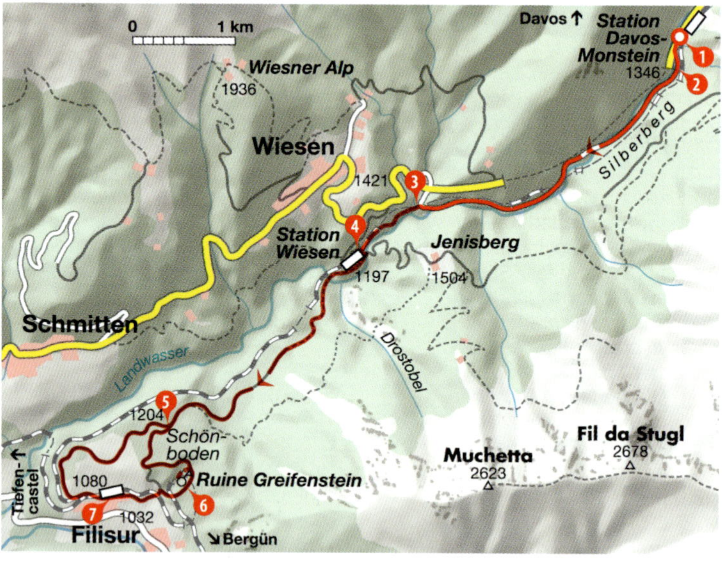

Station Wiesen. Hinten der Piz Mitgel nach einem Schneefall im September.

das Mobiltelefon. An entsprechenden Stellen wird eine Telefonnummer angeführt, über die man Informationen erhält. In der Fortsetzung der Wanderung – von Wiesen nach Filisur – informiert dann ein naturkundlicher Lehrpfad in traditioneller Weise (Schautafeln). Ein letzter Höhepunkt unserer Wanderung ist die Burgruine Greifenstein oberhalb von Filisur. Sie stammt aus dem 12. Jh. und überwachte das Albulatal. Heute vermittelt sie einen Hauch von Dornröschen-Romantik.

Talort: Davos-Platz, 1540 m.

Ausgangspunkt: Haltestelle Monstein der Rhätischen Bahn, 1346 m (Halt auf Verlangen). Alternative: Mit dem PKW zum Parkplatz beim Gasthaus Schmelzboden.

Höhenunterschied: 60 m im Aufstieg, 330 m im Abstieg. Zusätzlich kleine Höhenverluste bzw. Gegenanstiege.

Anforderungen: Unschwierige Wanderung, zum größten Teil auf einem (nicht asphaltiertem) Fahrweg. Steil im Bereich der Ruine Greifenstein und beim kurzen Abstieg nach Filisur.

Einkehr: Zwischenstärkung im Bahnhofsbüfett (»Bim Bahnhöfli«) in Wiesen.

Auf der Wanderung durch die Zügenschlucht. Eindrucksvoller Blick zum Piz Mitgel.

Die ehemalige Kantonsstraße, 1974 zum Wanderweg umgewidmet, erreicht man von der **Haltestelle Monstein (1)** auf einem Wiesenweglein neben der Fahrstraße in wenigen Minuten. An ihrem Beginn kommen wir am **Bergbaumuseum (2)** vorbei, das, wie auch der Gasthof Schmelzboden, im ehemaligen Verwaltungsgebäude am »Silberberg« untergebracht ist. Hier beginnt der Wanderweg in und durch die **Zügenschlucht**. Beim **Bärentritt (3)** enden zwar die beiden Lehrpfade, nicht aber die Zügenschlucht. Im Gegenteil! Jetzt wird es erst richtig eng. Fotografen finden lohnende Motive. Wenig später überqueren wir das Landwasser, erreichen die Station **Wiesen (4)** und anschließend das Wiesner Viadukt, auf dem Rhätische Bahn und Fußgänger die Landwasserschlucht überqueren. Nun informiert ein Naturlehrpfad über Pflanzen und Tiere. Er führt durch den Wald zu einer weiten Lichtung, dem **Schönboden (5)**, 1204 m, Feuerstelle. Bei einer Abzweigung (Wegtafel) nach links zur Burgruine **Greifenstein (6)**. Nach einer Besichtigung (Stichweg) haben wir die Wahl: Entweder steigen wir steil (schwieriger) nach Filisur und weiter zur **Station Filisur (7)** im Westen des Dorfes ab oder sanft und gemütlich, aber deutlich länger, zurück zum **Schönboden (5)** und in einer weiten Schleife oberhalb der Gleise entlang direkt zur Station.

In Filisur sehenswerte spätgotische Kirche und schöne Häuser aus dem 17. und 18. Jh., die an Engadiner Häuser erinnern.

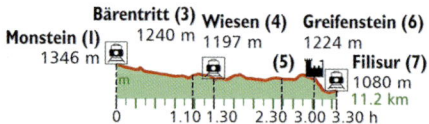

Der Wiesner Viadukt, eine eindrucksvolle Bogenbrücke, 88 m hoch und 210 m lang, wurde im Jahre 1908 eröffnet.

Stichwortverzeichnis

151

Umschlagbild:
Auf dem Prättigauer Höhenweg von der Saaser Alp über das
Jägglischhorn nach St. Antönien.

Bild im Innentitel:
Auf der Saaser Calanda.

Bild Doppelseite 108/109:
Auf dem Flüela Schwarzhorn. Im Bild links die Bernina Alpen mit allen
»Berühmtheiten«, Mitte Piz Kesch, rechts Piz d'Ela.

Bild Doppelseite 114/115:
Der malerische Lai da Ravais-ch Sur.

Bild Doppelseite 140/141:
Auf dem Monsteiner Büelenhorn. Gegenüber die »Bergüner Stöcke«
(Piz d'Ela, Tinzenhorn, Piz Mitgel).

Alle Fotos von den Autoren.

Kartografie:
50 Wanderkärtchen im Maßstab 1:50.000 und 1:75.000
gezeichnet von www.rolle-kartografie.de
Zwei Übersichtskärtchen im Maßstab 1:300.000 und 1:500.000
© Freytag & Berndt, Wien

5., aktualisierte Auflage 2018
© Bergverlag Rother GmbH, München

ISBN 978-3-7633-4010-1

Wir freuen uns über jeden Korrekturhinweis zu diesem Wanderführer!
Bitte per E-Mail an: leserzuschrift@rother.de
BERGVERLAG ROTHER · München
D-82041 Oberhaching · Keltenring 17 · Tel. +49 89 608669-0 · www.rother.de